Giacomo Leopardi

Gedichte

Übersetzt von Robert Hamerling

Giacomo Leopardi: Gedichte

Übersetzt von Robert Hamerling.

Erstdruck: Florenz (Piatti) 1831. Erweiterte Fassung: Neapel (Starita)
1835. Hier nach der Übersetzung in den Versmaßeb des Originals
von Robert Hamerling, Leipzig, Verlag des Bibliographischen
Instituts, 1865.

Neuausgabe mit einer Biographie des Autors
Herausgegeben von Karl-Maria Guth
Berlin 2016

Umschlaggestaltung von Thomas Schultz-Overhage

Gesetzt aus der Minion Pro, 11 pt

Verlag: Henricus - Edition Deutsche Klassik GmbH
Mörchinger Str. 33, 14169 Berlin, info@henricus-verlag.de
Druck: Libri Plureos GmbH, Friedensallee 273, 22763 Hamburg

ISBN 978-3-8619-9603-3

Bibliografische Information der Deutschen Nationalbibliothek

Die Deutsche Nationalbibliothek verzeichnet diese Publikation in
der Deutschen Nationalbibliografie; detaillierte bibliografische Daten
sind im Internet über www.dnb.de abrufbar.

Inhalt

Vorwort

Es wird dem deutschen Publikum hier die erste vollständige Übertragung der Gedichte *Giacomo Leopardis* geboten, eines Dichters, den man als den größten Lyriker der Italiener nach Petrarca betrachten darf, der aber groß war in dem Sinne, wie es Dante und Michel Angelo waren: wie diese Beiden schien er geboren, um zu beweisen, daß dem Mutterlande des *Schönen* auch das Große, das Kühne und Gewaltige nicht versagt blieb. Gewissenhaft und genau hat der Übersetzer in den eigentlichen Canzonen die ungemein capriziösen Reimverschlingungen des Originals im Deutschen nachgebildet. In denjenigen Gedichten, in welchen der große, wir möchten sagen hellenische Geist Leopardis die Grenzen seines Idioms und seiner heimischen Dichtweise sprengen zu wollen schien, und, müde des wohlgeordneten, strophisch-wiederkehrenden Reimgeklingels, in freieren Rhythmen sich erging, den Reim nur aufnehmend, wo er sich eben darbot, behandelte natürlich auch der Übersetzer den letzteren mit größerer Willkür.

Die Schuld der Übertragung kann es nicht sein, wenn die Versmaße des Originals dem deutschen Leser nicht sogleich vertraut und gefällig ins Ohr klingen, eben so wenig als sie es zu verantworten hat, wenn im deutschen Gewande jene Trostlosigkeit der Weltanschauung noch schärfer hervortritt, die den Grundton der Leopardischen Gesänge bildet, und die neben der Rücksicht, die man einer großartigen Denkart und einer eisernen Consequenz nicht versagen kann, doch vornehmlich der Adel des Ausdrucks und der bestechende Reiz des italienischen Idioms erträglich macht. Der Weltschmerz ist in der italienischen Literatur eine seltene Erscheinung, wo er aber hervortritt, nimmt er die Gestalt einer nackten und kühl-sarkastischen Verzweiflung an, während der deutsche Skeptiker bei aller Kühnheit des Denkens auch in der Nacht des Zweifels, im Groll mit Gott, wenigstens auf Augenblicke sich jener idealen Herzensregungen nicht entschlagen kann, die einen Zug des germanischen Wesens bilden. Man denke an Heine, an Lenau.

Aber vielleicht ist der Pessimismus Leopardis dem deutschen Geiste und Wesen näher gerückt, seit der Philosoph Arthur Schopenhauer ein Mann der Mode geworden. Zum mindesten wird das deutsche Publikum aus dieser Übertragung Leopardis erfahren, daß der Pessimismus älter ist als die Schopenhauer'sche Philosophie. Schopenhauer hat in dieser Beziehung nur fast wörtlich wiederholt, was Leopardi in allen seinen Gesängen aussprach, und er selbst bemerkt in seinem Aufsatze über die Nichtigkeit des Lebens ausdrücklich über Leopardi Folgendes: »Keiner hat diesen Gegenstand so *gründlich* und *erschöpfend* behandelt als Leopardi. Er ist von demselben ganz erfüllt und durchdrungen; überall ist der Spott und Jammer der Existenz sein Thema; auf jeder Seite seiner Werke stellt er ihn dar, jedoch in einer solchen Mannigfaltigkeit von Formen und Wendungen, daß er niemals Überdruß erweckt, vielmehr durchweg unterhaltend und anregend wirkt.« –

Über die Lebensverhältnisse des Dichters wollen wir in Folgendem einem vertrauten Freunde des Dichters, Antonio Ranieri, das Wort lassen.

Der Graf Giacomo Leopardi wurde am 29. Juni 1798 zu Recanati, einer Stadt der Mark Ancona, geboren. Nur bis zum vierzehnten Jahre genoß er Unterricht, später hatte er keinen Lehrmeister als die umfassende Bibliothek seiner Väter. Er eignete sich von selbst die Kenntnis nicht blos des Französischen, Spanischen und Englischen, sondern auch die des Griechischen und des Hebräischen an, in welch letzterem er es so weit brachte, daß er darin mit einigen gelehrten Hebräern aus Ancona disputiren konnte.

Zwei Elemente, die fast unvereinbar scheinen, bilden das Genie: reiche schöpferische Phantasie und hohe Verstandeskraft. In der Seltenheit der Vereinigung dieser beiden Elemente und in der Häufigkeit ihres gesonderten Bestehens liegt die Ursache der Seltenheit wahrhaft großer, und der Häufigkeit mittelmäßiger Talente. Bei Leopardi, in welchem jene Verbindung in hohem Maße lebendig war, gesellte zu den beiden Elementen sich ein drittes: die Krankheit, der Schmerz, dieser unerklärbarste Teil des Mysteriums der Schöpfung. Die Frage nach der Lösung dieses Rätsels ist der herrschende Gedanke seiner Schriften. In ihm vereinigte sich, wie kaum jemals in einen andern Menschen, das höchste der Güter, gewaltige Geisteskraft, mit dem empfindlichsten aller Übel, dem Schmerze. Er bediente sich des ersteren, um dem letzteren Ausdruck zu geben. Er sang, so zu sagen, die Hölle mit den Melodien des Paradieses.

Leopardi begann seine tiefen Studien mit der griechischen Welt. Bis zu einem unglaublichen Grade hatte er in sich die Vertrautheit mit Sprache und Literatur der göttlichen Hellenen ausgebildet. Er gestand sogar, daß sein Denken sich ihm in griechischem Ausdruck lebendiger und klarer gestalte, als im lateinischen und selbst im italienischen. Von seinem zwölften bis zum sechsundzwanzigsten Jahre sammelte er einen Schatz griechisch-lateinischer Gelehrsamkeit. Ein Beleg dafür ist sein Versuch über den Volksaberglauben der Alten (Saggio sopra gli errori popolari degli antichi). Überdieß brachte er eine große Menge von kritischen Noten, Übersetzungen und Commentaren aller Art zu Papier über viele alte Autoren, wie über Plato, Dionysius von Halicarnaß, Fronto, Demetrius Phalereus, Theon den Sophisten und Andere. Ganz besonders erstaunlich aber ist seine Sammlung von Fragmenten aus 55 Kirchenvätern. Diese und viele andere nicht minder wichtige philologische Manuscripte vertraute er im Jahr 1830 zu Florenz dem deutschen Philologen Ludwig von Sinner, gegenwärtig Professor in Paris, der davon nur einige kleine, aber gewissenhaft redigirte Proben veröffentlicht hat (Excerpta ex schedis criticis Jacobi Leopardii, comitis. Bonnoe 1834).

Im Alter von vierzehn Jahren wurde er schon als ein Phänomen außerordentlicher Gelehrsamkeit von heimischen Philologen anerkannt, und später wurde dieß Urteil von auswärtigen, namentlich deutschen Gelehrten bestätigt. Niebuhr verkündete in der Vorrede zu den Gesängen des Flavius Merobaudes den jungen italienischen Philologen der deutschen Gelehrtenwelt als ein hervorragendes Licht; von Waltz wird er als vir in his litteris inter Italos facile princeps bezeichnet, und der gelehrte Theologe Thilo in Halle widmete ihm seine vortreffliche Ausgabe der Hymnen des Synesius. Auch Bothe, Creuzer, Boissonade und Andere nahmen von Leopardi auszeichnende Kenntnis.

Leopardi schrieb in griechischer, lateinischer und alt-italienischer Sprache so gewandt, daß seine Versuche in diesen Sprachen von Gelehrten für alte Texte genommen wurden. Aber die echte und spontane Form, in welcher dieser hervorragende Geist sich aussprach, blieb doch seine Muttersprache. In dieser löste er das Problem, Alles in schlichter Reinheit und doch ergreifend auszudrücken, und zeigte, daß der wahrhaft große Schriftsteller Beherrscher und nicht Untertan der Sprache ist. Niemals kann ein Idiom den

Zwecken eines Dichters sich williger gefügt haben, als das italienische sich diesem Unvergleichlichen fügte. Kräftig und kühn in den ersten Regungen des Unmuts, die der Schmerz, den er im eigenen Leben wie im Leben des Universums herrschend fand, in ihm erweckte, trotzig und furchtbar in der Verzweiflung, der er sich später überließ, nachdrucksvoll bei außerordentlicher Einfachheit im Hinbrüten einer lebensmüden Resignation, die ihn zuletzt überkam, versinnlichte seine Ausdrucksweise zu gleicher Zeit die Mannigfaltigkeit, die Einheit und die Vollendung des universellen Lebens selbst, sagte Alles in allen Arten, in welchen es gesagt werden konnte.

Außerdem bestand der Zauber seines poetischen und seines prosaischen Stils in der treffenden Wahl des Ausdrucks und in der Wortanordnung. Er entlehnte das Kunstmäßige des Stils vom sechzehnten, die Einfachheit vom vierzehnten Jahrhundert, die Eigentümlichkeit des Colorits aber zunächst von den Griechen, dann von seinem Jahrhundert und von der eigenen Individualität, die ja am Ende bei jedem Schriftsteller das Maßgebende bleibt. Pflegte er doch trotz der großartigen Studien, die er gemacht, zu sagen, daß der Schriftsteller, wenn er die Feder ergreift, alle Bücher und alle Wissenschaft der Welt vergessen und einzig darauf bedacht sein muß, einen reinen und spontanen Ausdruck seines Denkens zu geben.

Er hielt eine treffliche Prosa für weit schwieriger als treffliche Verse; die Poesie, pflegte er zu sagen, gleiche einer prächtig geschmückten, die Prosa aber einer unverhüllten Frauengestalt. Und da er sich wohl bewußt war, daß er mit der Feder in der Hand Alles vermochte, so schien er mit den sprödesten Schwierigkeiten der italienischen Prosa gleichsam nur sein Spiel zu treiben.

Doch es ist Zeit, daß wir von der geistigen Wesenheit unseres Dichters zu den Verhältnissen seines äußern Lebens übergehen. Geboren auf der Spitze eines Berges – auf Bergspitzen versetzte das alte Picenum am liebsten seine Städte – als Glied einer Familie, in welcher edle Sitte und Religiosität herrschend war, bildete die väterliche und brüderliche Zärtlichkeit, der Himmel, die Gestirne, der aus den Fluten sich erhebende Mond und die hinter die fernen Joche des Apennins hinabsinkende Sonne seine ersten Eindrücke, seine ersten Entzückungen. Er bereitete sich auf das Leben vor wie auf einen Festtag; das erste Erwachen seines Gefühls segnete dankbar die Natur und die Menschheit, die ihm so schmeichelnd entgegenkamen. Später aber, als sein vorgerückteres Alter und die übergreifende Hoheit seines Geistes mehr von der Größe der Mitbürger als von dem Wohlwollen der Verwandten heischte, und das unheilbare Übel, das ihm zuletzt den Tod brachte ihm Mark und Gebein so tief durchdrungen hatte, daß der Schnee des Gebirges ihm nicht länger erträglich war, da erst, in der Bitterkeit seiner Schmerzen, nannte er sich verraten von denselben Menschen und von derselben Natur, die er gesegnet hatte, verachtete jene und verwünschte die letztere, und obgleich ihm der Gedanke des Abschieds von seinen Lieben Tränen in die Augen trieb, blieb es doch sein beständigstes Verlangen, seine Heimat zu verlassen und anderswo zu leben.

Von so lebhaftem Drange getrieben, kam er im November des Jahres 1822 nach Rom, wo er sich in die Codices der Barberianischen Bibliothek vertiefte. Der vierundzwanzigjährige Philologe sah sich hier aufgesucht und geschmeichelt von den bedeutendsten ausländischen Gelehrten, die sich damals in der ewigen Stadt aufhielten. Der berühmte Niebuhr verkündete der Welt, wie schon erwähnt, die künftige Große seines jungen Freundes, und im Namen des gelehrten Deutschlands, das er in so würdiger Weise vertrat, bot er demselben vergebens in Preußen an, was das unglückselige Italien ihm nicht vergebens angeboten hatte, aber niemals anbot – einen Lehrstuhl der griechischen Philosophie. Später, einsam umherirrend, verkehrte er mit den schweigenden Ruinen, betrauerte die hingeschwundene Größe. Im Mai des Jahres 1823 zog er sich düster und schweigsam wieder in die Einsamkeit seiner Heimatstätte zurück.

Zwei Jahre lang lebte er nun wieder, während die unerbittliche Natur den tödlichen Keim in ihm unaufhaltsam weiter entwickelte, seiner schmerzlichen Sehnsucht, seinen vergeblichen Hoffnungen, und er dünkte sich wie den Klauen des Todes entronnen, als er im Juni 1825 einem Ruf des Buchhändlers Stella nach Mailand folgen konnte, der ihm Aussichten eröffnete, die Schätze seiner Gelehrsamkeit zu verwerten. Die Vorhersagung und der Beginn einer ungewöhnlich strengen Winterkälte trieben ihn aber von dort nach Bologna. Hier wurde ihm der Trost einer gastfreundlichen Aufnahme, eines regen und herzlichen Verkehrs zu Teil, und angenehm beschäftigte ihn zugleich die Drucklegung seiner Poesien, die daselbst, sowie seiner prosaischen Versuche, die in Mailand herausgegeben wurden. Einen kurzen Ausflug nach Ravenna abgerechnet, verweilte er zu Bologna bis zum November des Jahres 1826, worauf er wieder nach Recanati zurückkehrte.

Aber jener unerfaßbare, fast übermenschliche Schmerz, der Anfang und Ende von Leopardis ganzem Wesen war, ließ ihn niemals unter den Annehmlichkeiten des Familienlebens zur Ruhe kommen. Aus dem Abgrunde dieses Schmerzes herauf schmachtete er, dem Instinkte folgend, welcher der menschlichen Gattung eingeboren ist, nach eben demselben Glücke, dessen Eitelkeit und Nichtigkeit er selbst in Wort und Schrift immer verkündigte. Und immer dem vor ihm herflüchtenden Wahngebilde nachtrachtend, verließ er neuerdings das Asyl, wohin er, an jenem Glücke verzweifelnd, sich zurückgezogen hatte. Im April 1827 begab er sich wieder nach Bologna und zwei Monate später nach Florenz.

Dort erschloß sich seinen Augen ein neuer Horizont, ein Schauplatz, der nicht römisch, nicht lombardisch, sondern noch schöner und reizender war und dabei doch immer einen echt italienischen Charakter an sich hatte. Die Gärten der Blumenstadt, die melodische Mundart, die unbeschreibliche Anmut der Frauen, die Milde der Staatsregierung, die schlanken, ätherischen Curven der florentinischen Architektur, ein gewisses einschmeichelndes und trauliches Wesen, dann wieder eine gewisse attische Feinheit und Grazie, die er bisher nur als ein Ideal geträumt, – das Alles wiegte sein Gemüt in einen angenehmen Traum, so daß er ein halbes Jahr lang seiner Bedrängnisse vergaß und von neuem an menschliche Glückseligkeit zu glauben anfing. Und als er im November Pisa besuchte, vereinigten auch hier sich die friedliche Stille des Ortes, die anmutig erheiterte Einsamkeit, die warme, fast orientalische Sonne des Winters und des darauffolgenden Frühlings, ihm einen frischen Hauch des Lebens einzuflößen. Im Juni des nächsten Jahres kehrte er nach Florenz zurück, und, noch lebhafter als Alfieri beklagend, daß nicht die ganze Welt ein Toscana sei, suchte er, getrieben von der Melancholie des Spätherbstes, seine Heimat Recanati wieder auf.

Hier in dem furchtbar strengen Winter von 1829–30 fühlte er zum letzten Male die Seufzer auf seinen Lippen und die Tränen in seinen Augen zu Eis verwandelt. Er sang sich in den »Erinnerungen« einen Grabgesang, ließ aber demselben im nächsten Frühling doch noch ein »Wiedererwachen« folgen. Und nachdem er zum letztenmal seine teuren Eltern, seine Brüder (darunter seinen Carlo, der ihm mehr als Bruder, der ihm Freund war) und seine wahrhaft engelgleiche Schwester Paolina ans Herz geschlossen, riß er sich mit Schmerzen von ihnen los – er sollte sie niemals wiedersehen.

Er reiste wieder über Bologna nach Florenz, in der Absicht, sich dort auf unbestimmte Zeit niederzulassen. Es fand sich damals in dieser gastlichen Stadt, teils durch eigene Wahl, teils durch Verkettungen des Schicksals vereinigt, was von verdienstvollen und geistig hoch begabten Männern zu jener Zeit das unglückselige Italien sein nannte. Eine Art von edler Fremdenkolonie schloß sich an die einheimischen Größen: G. B. Niccolini, Gino Capponi und Giuliano Frollari. Leopardi sah sich bald mit jenen Fremden wie mit diesen Einheimischen durch die Bande der wärmsten Freundschaft fest verknüpft; den »toscanischen Freunden« sind seine Gesänge wie seine prosaischen Schriften in der schönen Ausgabe gewidmet, die er eben davon veranstaltete.

Aber weder die Freundschaft, noch der Frühling oder der Sommer, noch die Reize Toscana's vermochten die stiefmütterliche Feindseligkeit der Natur zu besänftigen, die ohne Mitleid in der Zerstörung des zartesten und empfindlichsten ihrer Geschöpfe fortfuhr. Leopardis Übel war unbestimmbar; an den tiefinnersten Wurzeln seines Daseins haftend, blieb es ein Rätsel wie das Dasein selbst. Die Knochen erweichten und zersetzten sich mit jedem Tage mehr und versagten dem hinsiechenden Fleische, das sie bedeckte, ihre von Anbeginn nur schwache Stütze. Das Fleisch selbst magerte ab, denn die Tätigkeit der Ernährungsorgane war nicht kräftig genug. Die Lungen, in einen allzu engen Raum gezwängt und zum Teil auch nicht völlig gesund, erweiterten sich nur mit Mühe. Mühsam auch entledigte sich das Herz der Lymphe; so war die Wiederaufsaugung matt und verursachte Beschwerden. Das Blut, das bei der mühsamen Atemholung sich nur unvollkommen erneuerte, schlich langsam, kühl und farblos durch die Adern. Mit einem Worte, der ganze geheimnisvolle Kreislauf des Lebens, der sich so mühselig bewegte, schien von einer Stunde zur andern für immer stille stehen zu wollen. Vielleicht hatte die Gehirnmasse dieses Hauptes, der Ausgangs- und Endpunkt des Kreislaufs, alle Lebenskräfte mit allzu vorwiegender Gewalt an sich gezogen und aufgesaugt, um für sich allein und in kurzer Zeit das zu verbrauchen, was für lange Zeit und für das Ganze hatte genügen sollen. Wie dem auch sein mag, Leopardis Leben war schon nicht mehr, wie bei allen Menschen, ein Gang, sondern ein Lauf, ein Sturz gegen das Grab hin.

Umhergeschleudert auf einem großen Meere körperlichen und geistigen Leidens während des ganzen Winters von 1830–31, klammerte sich seine Hoffnung an den ersehnten Frühling, und er schien in der Tat für einige Momente wieder aufzuleben. Aber der folgende Sommer verschlimmerte sein Befinden so sehr, daß seine Freunde dem Herbste und mehr noch dem Winter mit Schreck entgegensahen. Auf ihren Rat begab er sich im Oktober nach Rom, um dort die beiden gefürchteten Jahreszeiten hinzubringen. Eine Zeitlang noch vermißte er ungern hier die toscanische Grazie und Feinheit, aber bald wieder etwas in jener Luft gekräftigt, erneute er seine alten Wanderungen durch die ewigen Denkmäler und versicherte lächelnd eines Tages, er habe mit Rom sich ausgesöhnt. Er fühlte sich dießmal nicht, wie früher, zu grollen oder zu weinen gestimmt; die Zeit des Grollens und des Weinens war für ihn vorüber; er hatte nur noch ein bitteres Lächeln für das traurige Ende alles Großen, für die Würmer der Verwesung in den edelsten Leichen.

Nur wer niemals einen Frühling in Toscana miterlebt, könnte sich darüber verwundern, daß Leopardi beim Anblick der ersten Blümchen, die er zwischen den Ruinen der alten Weltstadt sprießen sah, sich wieder unwiderstehlich nach Florenz gezogen fühlte, wo er in der Tat gegen den April hin eintraf.

Hier brachte er, so lange die Keime des Lebens und der Gesundheit, die der Süden in ihm geweckt hatte, gediehen, den Frühling und den Sommer in leidlichem Wohlsein hin. Es geschah zu dieser Zeit, daß er, von den römischen Lüften berauscht und begeistert, zum letztenmal der Sehnsucht nach dem Glücke sein Herz erschloß, aus welcher er dann, als der Herbst und der Winter jene Keime des besseren Wohlseins in ihm erstickt hatten, nur um so tiefer in die grausame Wirklichkeit seines unheilbaren Siechtums zurücksank.

Wenn Rom soviel vermocht hatte, was sollte nicht erst Neapel vermögen? Dies war der Gedanke, der Leopardis Ärzten und Freunden, beim Fehlschlagen alles anderen menschlichen Bemühens, als Trost noch vorschwebte. Er selbst folgte, wie immer, dem Rate der Seinen willig, und nachdem er wie durch ein Wunder der Strenge des Winters zwar widerstanden, aber doch im darauffolgenden Frühling und Sommer sich überzeugt hatte, daß die mildere Jahreszeit seine Übel nicht mehr linderte, reiste er zu Anfang des September 1833 in fieberhaftem Zustande von Florenz ab, entledigte sich, in kleinen Tagreisen seinen Weg über Perugia nehmend, des Fiebers und gelangte, leidlich erleichtert, nach Rom, von wo aus er im Oktober nach Neapel abging.

Er fühlte hier sofort von der Milde des Klimas und von der Heiterkeit des Lebens, das ihn umgab, einen unglaublich wohltätigen Einfluß. Gewöhnlich hatte er seinen Wohnsitz auf der vor der Stadt gelegenen Anhöhe von Capodimonte, zog sich aber im Mai wie im Oktober in ein Häuschen auf dem Abhange des Vesuv zurück. In seltsamer Abwechselung bald von den Symptomen der Schwindsucht, bald von denen der Wassersucht bedroht, suchte er sich in gleicher Abwechselung Schutz gegen die eine bei der dünnen Bergluft des Vesuv, gegen die andere bei den milden Lüften von Capodimonte. Er machte Spaziergänge durch die Toledostraße oder am Meeresufer, besuchte häufig die Mergellina, den Pausilipp, Pozzuoli oder Cumä, stieg vom Capodimonte aus in die Katakomben und vom Vesuv aus nach Pompeji und Herculanum hinab und unterhielt sich mit den todten Alten, die er in Rom auf ihren Foren und unter ihren Triumphbogen angeredet, hier gewissermaßen in der vertraulichen Zurückgezogenheit ihrer Behausungen.

Die Neuheit und ausgezeichnete Gesundheit des Klimas, die sympathische Gesellschaft einiger Landsleute, der wechselnde Besuch gelehrter Fremden, die sich eben dort aufhielten, und eine neue, frischere und freiere Weise, zu leben, zu welcher Leopardi jetzt sich entschloß, fristeten ihm noch vier Jahre lang das Leben. Er gewann in wunderbarer Weise den geordneten Gang mancher Lebensverrichtungen, die bei ihm seit der frühesten Jugend in Unordnung gewesen waren, und fing nun an, sich selbst ein langes Leben zu prophezeien. Die bösartige Tätigkeit seiner Leibesübel schien ihm, wenn nicht ganz bewältigt, doch eingeschläfert, und gerade diese Hoffnung hatte ihn vielleicht noch länger lebend erhalten, wenn er nicht in hartnäckiger Weise sich eingebildet hätte, daß die Choleraseuche, die sich damals im ganzen Abendlande verbreitete, dazu bestimmt sei, seine krankhaften Zustände wieder zu erwecken und zu verschlimmern.

Es war im August 1836, als er, bei der ersten und noch fernen Ankündigung der Epidemie, sich in sein Häuschen auf dem Lande zurückzog, von wo er erst im Februar 1837 nach Capodimonte zurückkehrte. Hier vermehrten sich die Symptome der Wassersucht, sowie sich in seiner Landwohnung die der Schwindsucht vermehrt hatten. Auch erneuerte die Seuche, die im Winter verschwunden, im Frühling aber mit vermehrter Heftigkeit ausgebrochen war, in der Phantasie des Kranken das Schreckbild einer unbekannten und gräßlichen Todesart, ihm unglücklicher Weise schon eingeflößt von dem berühmten deutschen Dichter Platen, den dieselbe Angst in Siracus (lange bevor die Krankheit selbst dahin kam) getödtet hatte. Alle Abmahnungen waren vergeblich. Am 14. Juni, um die fünfte Stunde Nachmittags, während eine Kutsche ihn erwartete, um ihn nach seinem Landhause zurückzubringen, und er noch Pläne zu künftigen ländlichen Ausflügen entwarf, füllten plötzlich die Wasser, die schon lange die Wege des Herzens besetzt hatten, den Herzbeutel und erstickten das Leben an seinem innersten Urquell. In den Armen eines treuliebenden Freundes verhauchte der Dichter lächelnd die edle Seele.

Seine irdischen Reste sind in dem Kirchlein von San Vitale auf dem Wege nach Pozzuoli bestattet, in deren Vestibül ein Denkstein sein Andenken bewahrt.

Leopardi war von mittlerer Statur, gebeugt und schwächlich, blaß von Farbe. Sein Haupt war groß, seine Stirn breit und hoch, sein Auge blau und schmachtend, seine Nase gebogen und spitz. Die Züge seines Gesichts warm sehr zart, seine Sprechweise bescheiden und sein Organ etwas heiser; sein Lächeln besaß einen eigentümlichen milden Zauber.

Robert Hamerling

I. Auf Italien

Mein Vaterland! die Mauern und die Bogen,
Die Säulen und die Bilder und die Türme
Seh' ich aus Vätertagen –
Doch nichts vom *Ruhm* der Väter,
Vom Waffenglanze nichts, mit dem sie zogen
Voll Siegsbegier ins Feld der Schlachtenstürme!
Ich seh' dich Brust und Stirne wehrlos tragen,
Italia! Weh der Wunden,
Des Bluts, der Blässe! *So* muß ich dich schauen,
Du wunderholdes Weib? Himmel und Erde
Frag' ich zu allen Stunden:
Wer brachte sie so weit? Und größres Grauen
Erweckt, daß ihre Arme
Gefesselt, daß einsam auf nackter Erde
Sie kauert, schleierlos, mit wirren Haaren,
Das Haupt in tiefem Harme
Gesunken bis aufs Knie, das Aug' voll Tränen!
O weine! Grund wohl hast du – einst zu schlagen
Gewohnt die Völkerschaaren,
Italia, in Glücks- und Unglückstagen!

Und wenn dein Augenpaar in vollen Bächen
Die Tränenflut ergösse,
Nie könnten deiner Schande sie genügen!
Magd bist du – strahlend einst im Kronenschimmer!
Wer könnte von dir sprechen,
Der nicht, gedenkend deiner alten Größe,
Ausruft: Einst war sie groß, nun ist sie's nimmer!
Warum? warum? wo ist sie hingeschwunden,
Die alte Kraft, der alte Mut? wer raubte
Vom Gürtel dir die Wehre?
Wars List, war es Verrat, was dir entwunden
Den Herrschermantel? Wars Gewalt? Vom Haupte
Wer riß dir freventlich die goldnen Binden?
Wie bist du, *wann*, du Hehre,

Von solcher Höh' so tief herab gesunken?
Ist denn der Deinen Keiner mehr zu finden,
Der dich verteidigt? Waffen! Gebt mir Waffen!
Will kämpfen, streiten, fallen, ich, der Eine!
ur wecke sprühend, wie mit Feuerfunken,
Mein Blutstrom die italische Gemeine!

Wo weilen sie, die Kinder deines Hauses?
Streitrufe hör' ich, Trommelschall, Geschmetter
Der Schlachttrompeten! *Fremde* Fluren raffen
Dahin dir deine Söhne!
Horch auf, Italia! Es tobt ein grauses
Gewog von Roß und Mann im Kampfeswetter,
Und Rauch und Staub durchblinkt der Glanz der Waffen,
Wie im Gewölk, dem grauen,
Der Blitzstrahl blinkt! Dich tröstet's nicht? Es wendet
Dein Aug' sich, will das Ende nicht erblicken?
Wofür auf jenen Auen,
Italische Jugend, kämpfst du? Weh, gesendet
Bist du, in fremdem Dienst, für fremde Länder
Das heilige Italerschwert zu zücken!
Unselig, welcher nicht am eignen Herde,
Für Weib und teure Pfänder,
Nein, fremden Volkes Feinden
Erliegt, und nicht ausrufen darf, die Glieder
Hinstreckend: O geliebte Heimaterde,
Du gabst das Leben mir, dir geb' ichs wieder!
Wie glückgesegnet preist dich der Erzähler,
O Vorzeit, wo noch heiter
Zum Tod fürs Vaterland die Völker eilten!
Und euren Ruhm wird stets die Welt bewahren,
Thessalische Schattentäler,
Wo kühn bestanden wen'ge Griechenstreiter
Das Schicksal selbst sammt allen Perserschaaren!
Mich dünkt, ich hör' von jenen Ruhmestagen
Noch Kraut und Fels und Welle flüsternd melden
Dem Wandrer an den Borden
Des Stroms, wie da so hochgeschichtet lagen

Die Leichen jener Helden,
Für Griechenland geweiht dem Schlachtengotte!
Da, feig, mit seinen Horden
Floh übers Meer der König, der besiegte,
Der für die spät'sten Enkel ward zum Spotte!
Und sieh, Anthelas Höhn bestieg, wo sterbend
Dem Tode sich die heil'ge Schaar entzogen,
Simonides, und blickte
Hin über Länder, über Meereswogen!

    Tiefatmend greift, mit Tränen auf den Wangen,
Und wankend in dem Drang der Herzbewegung
Der Sänger in die Saiten:
Heil euch, ihr großen Todten,
Die sich in Feindeslanzen ohne Bangen
Gestürzt fürs Vaterland, in heißer Regung,
Bewundert und verehrt zu allen Zeiten!
In bittre Todeswunden
Was riß euch hin, ihr jugendlichen Streiter?
Wie trotztet ihr dem düstern Schicksalstage?
Die letzte eurer Stunden,
Schien euch so lockend sie, daß lächelnd heiter
Ihr stürmtet in den Pfad, den blutig-rauhen?
Als wie zum Festgelage
Gingt ihr, und wie zu heitrem Tanz geladen:
Und doch zu Hades' Grauen
Stiegt ihr hinab, zur finstern Todeswelle:
Nicht Kind, nicht Gattin, nicht die Braut, die süße,
Stand euch zur Seit', als an des Stroms Gestaden
Ihr sanket ohne Tränen, ohne Küsse!

    Doch ohne Angstgestöhne
Der Perser nicht, und toderbangend Wanken!
Gleichwie der Löw' in einer Heerde Rinder
Bald *dem* bespringt den Nacken,
Und knirschend ihm ins Rückgrat setzt die Zähne,
Und dem die Weichen packt, und dem die Flanken –
In persischen Geschwadern, sieh, nicht minder

Ras't der Hellenen Zorn, der mutbeseelten!
Sieh, Ross' und Reiter hingestreckt als Leichen!
Sieh da die Flucht, die wilde,
Gestaut von Karren, umgestürzten Zelten,
Und mit den Ersten weichen
Sieh blaß und wirr ihn selber, den Tyrannen!
Doch nun im Kampfgefilde
Sieh, triefend vom Barbarenblut, die Griechen,
Erregend unermeßnes Weh den Mannen,
Zuletzt ermattend unter ihren Wunden
Auf Bruderleichen sinken, glutbeseelet!
Preis euch, ihr Helden, ruhmvoll so erblichen,
Ihr lebt, so lang nicht Zung' und Griffel fehlet!

Es werden eher, stürzend, in den Gründen
Des Meers verlöschen mit Gezisch die Sterne,
Als daß für euch auf dieses Landes Fluren
Lieb' und Gedächtnis schwinden!
Eur Grab ist ein Altar. Die Mütter künden
Den Kleinen es in spät'ster Zeitenferne,
Und zeigen eures Blutes heil'ge Spuren.
Ich werfe mich zur Erde,
Den Staub, die Scholle frommen Drangs zu küssen,
Die ruhmverklärt für immer
Von Pol zu Pol wie heut gefeiert werde!
Wär' ich auch hier gebettet – wär' von Güssen
Auch meines Bluts dieß heil'ge Land gerötet!
Doch, weigert es das Schicksal, darf ich nimmer
Für Hellas den Tribut des Lebens zollen,
Im wilden Streit getödtet:
So mag doch eures Sängers
Gedächtnis, von den Menschen hoch geehret,
Wenn es die Götter wollen,
So lang auch währen, als der eure währet!

II. Auf Dantes Monument, das man in Florenz

zu errichten gedachte

Nie wird, – daß unter seine weißen Schwingen
Der Frieden endlich unser Volk vereine, –
Ital'scher Geist den Banden
Des Schlummers, der ihn decket, sich entringen,
Tritt nicht der großen Alten
Beispiel vor uns in neu verklärtem Scheine!
Den Todten Ehre spenden,
Italia, mußt du nun; denn nicht mehr ragen
In deinem Land so herrliche Gestalten,
Und Keiner lebt, dem Preis du dürftest zollen.
Rückwärts, mein Volk, mußt du die Blicke wenden,
Nach den Unsterblichen aus alten Tagen,
Um dann zu weinen und dir selbst zu grollen:
Denn ohne Zorn ist unfruchtbar das Grämen!
Ja, rückwärts blicke schamvoll, und nicht minder,
Um ganz dich zu beschämen,
Gedenke deiner späten Enkelkinder!

An Sprache, Sinnesart, Gestalt verschieden
Durchwandelte der fremde Gast die Lande
Toscanas, aufzufinden
Das Grab des Manns, durch den des Mäoniden
Gesang nicht einzig mehr die Welt entzücket!
Da hört' er, – o der Schande! –
Daß seit des hohen Sängers Todestage
Der Staub sogar, der kalte, liegt noch immer,
Und das Gebein, auf fremden Strand entrücket;
Geschweige, daß ein Denkmal sich erhebe,
Florenz, in deinen Mauern, für den Großen,
Durch den dein Ruhm erlischt auf Erden nimmer!
Dank euch, ihr Männer, deren edel Streben
Erglüht, daß solche Schmach hinweg sie wasche!
Schön ist eur Werk und macht euch ewig teuer

Der Herzen jedem, drin nicht ganz in Asche
Noch sank fürs Vaterland das heil'ge Feuer!

Ja, Liebe für Italia sporn' euch – Liebe
Für sie, die Schmerz und Gram so schwer umnachten,
Für die nicht länger schlagen
Die Herzen liebevoll, weil uns so trübe
Nach heitrer Zeit der Himmel will bescheren!
Befeure denn, vollende euer Trachten
Mitleid mit ihr, o Söhne,
Und Schmerz und Zorn ob jenes Leids tiefinnen,
Das Wang' und Schleier stets ihr netzt mit Zähren!
Doch euch, mit welchem Wort soll *euch* ich singen,
Des Werkes Bildner, die die Nachwelt kröne
Nicht bloß für Sorg' und weisen Rats Ersinnen,
Nein, für der Hände Schöpfung, für das Ringen
Des Genius, bewährt im Kunstgebilde?
Mit welchen Klängen feir' ich euch, daß trunken
Entbrennen auf Italias Gefilde
Die Herzen all durch meines Liedes Funken?

Begeistern wird euch eure große Sache,
Und tief den Sporn euch in die Seele drücken!
Ha, eures Flammeneifers wilde Wogen,
So hochgeschwellt – sie schildert keine Sprache!
Wer mag die Spannung eurer Züge malen,
Die Glut in euren Blicken?
Welch Menschenwort weiß Himmlisches zu sagen?
Fern bleibe der Profane
Dem Heiligtum! Der Tränen Zoll bezahlen
Wird immerdar Italia dem hehren,
Dem edlen Marmorbild; und ewig ragen
Wird es, stets unbenagt vom Zeitenzahne!
Die ihr den Stachel, raubt dem Leid, dem schweren,
Ihr, göttlich-hohe Künste, lebt noch immer,
Zum Trost für unser Volk, so schmerzzerrissen;
Und seinen Ruhm, sank auch die Größ' in Trümmer,
Zu feiern, seid ihr immer noch beflissen!

Auch ich will, seht, erscheinen,
Der Dulderin zu Ehren, frommen Dranges,
Darbringend was ich habe,
Will eurem Werke meinen Sang vereinen,
Wenn Seele gibt dem Marmor euer Streben!
O du, tyrrhen'schen Sanges
Erlauchter Vater! wenn an jenem Strande
Dich irdscher Dinge Botschaft kann erreichen,
Von ihr, die du so hoch gestellt im Leben –
Ich weiß, für *dich* nicht wirst du Freud' empfinden,
Denn Stein und Erz sind nur dem Wachs, dem Sande,
Nicht deines Ruhmes Dauer zu vergleichen:
Und könntest je noch einmal du verschwinden
Aus unserm Sinn, so wachse unsre Schande,
Und all das Leid, drin wir so lang geschmachtet,
Es wachse, wenn's zu wachsen noch im Stande,
Und unser Volk – vergessen sei's, verachtet …

Nein, nicht für dich! dem Vaterland dich freue
Zu Lieb' – dem armen Vaterland zu Liebe,
Wenn je der Väter Beispiel
Die kranken Söhne stählt, das Haupt aufs neue
Zu heben aus so feigem Unterliegen!
Von langer Schmach wie trübe
Ward, die auf rauhen Wegen
Hinwandelte gar ärmlich
Zur Zeit, als neu du himmelan gestiegen,
Und die du jetzt doch so verkümmert schauest,
Daß Königin sie früher war dagegen!
Hinschmachtet sie erbärmlich,
Daß du, es schauend, nicht den Augen trauest;
Von andern Feinden schweig' ich, andrem Grauen,
Nur noch des letzten, schlimmsten will ich denken,
Durch das auf unsre Auen
Schon ew'ge Nacht sich schien herabzusenken!

O glücklich du, daß des Geschicks Erbarmen
Zu leben dir erspart' in solchem Grausen:

Ital'sche Weiber schautest
Du liegend nicht in fremder Krieger Armen,
Sahst Stadt und Flur nicht plündern und vernichten,
Sahst Feindesspeere nicht barbarisch hausen:
Sahst nicht die Prachtgebilde,
Die göttlich schön Italiens Meister schufen,
Geschleppt in Sklaverei, – sahst von den dichten
Heerwagen nicht gehemmt des Landes Wege,
Die schmerzensreichen, – hörtest nicht das wilde
Machtwort des Übermuts, und ausgerufen
Beim Klang der Ketten und der Geißelschläge
Der Freiheit Namen, frevelhaft, zum Spotte!
Wer klagt nicht? Wer vermag es, auszusprechen
Den Jammer? Jene Rotte,
Was schien ihr heilig noch, was noch Verbrechen?

   Warum, o Schicksal, zu so bösen Tagen
Hast du uns aufbehalten?
Warum nicht ward zu sterben
Vergönnt uns, eh wir schauten so geschlagen
Von Frevlern unser Vaterland in Ketten,
Und seinen Ruhm, den alten,
Geschändet freventlich! – Ach, nicht gegeben
Ward uns, mit Trost die Schmerzen
Zu lindern dir, o Teure, dich zu retten
Aus wilder Qual, die dir das Herz zerfleischte!
Nicht konnten wir dir weihen Blut und Leben,
Doch nimmer uns im Herzen
Erstarb der Jammer, den dein Loos erheischte!
So voll ist unser Herz des Zorns, der Schande:
Ha, wir auch kämpften, fielen, Ströme rannen
Von unserm Blut – doch nicht dem Vaterlande:
Wir bluteten für unsere Tyrannen!

   O Vater, wenn es ist erlaubt zu sagen,
Wie anders bist du, als du warst im Leben!
Fern auf den düstern Fluren
Des Russenlands, wert bessern Tods, erlagen

Die Unsern! Mensch und Tier bekämpfte sie, das Grollen
Des Äthers und unendliche Beschwerden!
In ganzen Scharen sanken
Sie hin, die Glieder nackt, voll blut'ger Flecken,
Gebettet waren sie auf Eisesschollen.
Und in der Qual dann ihrer Todesstunden
Ausriefen sie noch seufzend im Gedanken
Ans Heimatland: O daß, statt durch die Schrecken
Der Wind' und Wolken, wir den Tod gefunden
Durchs *Schwert*, für *dich*! Doch hier auf öden Weiten
In blüh'nder Jugend müssen wir verderben,
Ruhmlos für alle Zeiten,
Und, fern von dir, für deine – Mörder sterben!

Zu Zeugen hatt' ihr jammerndes Erbleichen
Des Nordens Wüsten, rauschend tiefe Wälder.
So starben sie; es kamen
Die wilden Tiere, schmausten an den Leichen,
Für die kein andres Grab sich dargeboten
Als schneebedeckte Felder,
Vergessen sind die Tapferen, die Helden,
Ihr Nam' ist Eins für immer
Mit dem der Feiglinge! O teure Todten,
Unendlich ist das Leid, das euch betroffen,
Und keinen Trost vermag ich euch zu melden,
Als die *Gewißheit*, daß ihr nun und nimmer
Für euer Loos habt einen Trost zu hoffen!
So hüllt euch still in eures Leides Hülle,
Als einer edlen Mutter würd'ge Kinder,
Die ganz so schwer wie euch bedrückt die Fülle
Des Grams, und die vernichtet ist nicht minder!

Nicht euch will sie verklagen,
Die Mutter, nein, nur jene, die getrieben
Euch gegen sie zum Kampfe,
So daß der Gram ihr muß das Herz zernagen,
Und sie ihr Weinen mischt dem euren stündlich!
Wenn doch im Herzen eines ihrer Lieben,

Die ihrem Schooß entstammen,
Des Mitleids Trieb', ihr wiederum erstündet,
Daß er entriss' dem Abgrund, unergründlich,
Die Dulderin! O Geist im Ruhmesglanze,
Sind für Italien ganz der Liebe Flammen
Erloschen, die einst *dir* das Herz entzündet?
Sproßt nimmer frisches Grün dem Myrtenkranze,
Der tröstend sonst die Stirn uns könnt' umwehen?
Soll er so ganz zerfallen und verbleichen?
Soll Keiner mehr erstehen,
Der nur zum Teil sich könnte *dir* vergleichen?

Sind wir dahin für immer? Unsrer Schande
Soll nie ein Ziel erscheinen?
Ausrufen will ich, wandernd durch die Lande
Italias: Schau rückwärts, du verderbtes
Geschlecht! nach Schriften, Steinen
Der Vorzeit schau, die Burgen sieh, die Tempel!
Bedenke wo du weilst! Sind deinen Sinnen
Verloren jene leuchtenden Exempel?
Was bleibst du? Zieh von hinnen,
Daß nicht zum Wohnsitz schnöder Denkart werde,
Die als der Edlen Amme ward geachtet:
Wenn Feiglinge sie nährt am Heimatherde,
Ists besser noch, daß sie vergessen schmachtet!

III. An Angelo Mai

Als er die Bücher Ciceros »vom Staate« entdeckte

Wie kommts, du kühner Italer, daß rastlos
Dein Sinn zu wecken trachtet
Die Väter in den Grüften? daß sie sprechen
Durch dich zu dieser todten Zeit, umnachtet
Von Überdruß, wie von Gewölk? Wie brechen
So plötzlich jetzt, so stark hervor, und schlagen
An unser Ohr, die schwiegen
So lange schon, die Stimmen alter Zeiten?
Welch Auferstehn ringsum! Im Augenblicke
Befruchten sich die Blätter; unfern Tagen
Erschließen sich, die lange mußten liegen
Im Klosterstaub, die Worte, die geweihten,
Der weisen Ahnen! Gaben die Geschicke
Dir Solches, Edler! oder schafft auch gegen
Das Schicksal starker Mut so reichen Segen?
Doch nicht geschehn mags ohne Götterwillen,
Daß jetzt, wo immer tiefer in dem schweren
Verzweiflungschlummer wir die Häupter senken,
So häufig unserm Ohre wiederkehren,
Zu wecken uns, der Väter Rufe. Schenken
Uns Götter Mitleid noch? Nicht ganz vergessen
Sind wir von Himmelsmächten?
Ja, diese Zeit Wohl ist es, oder keine,
Hand anzulegen, daß erneuert werde
Italiens alte Kraft, von Rost zerfressen:
Denn, horch, aus Grabesnächten
Mahnt uns der Todten Wort, und die Gemeine
Vergeßner Helden hebt aus tiefer Erde
Die Häupter mit der Frage,
Ob noch vorüber nicht der Feigheit Tage?

Bewahrt ihr denn auf uns, ihr Ruhmgekrönten,
Noch eine Hoffnung? Scheinen

Wir euch nicht ganz verloren? Ihr Wohl schauet,
Was kommen wird – doch mich, vor all den Peinen
Wer *schützt* mich? Meinem Aug' ist nachtumgrauet
Die Zukunft, und was ich erblicke, schrecket
Mich so, daß Traum und leeres Wähnen
Die Hoffnung scheint. Auf Stätten, einst gegründet
Von euch, ihr Edlen, folgt euch, ach, dies schale
Geschlecht, von Schmach bedecket:
Was groß in Wort und Tat, ist euren Söhnen
Zum Spott geworden; euer Ruhm entzündet
Nicht Scham noch Neid in uns. Um eure Male
Streckt sich der Müssiggang und will bereiten
Ein Beispiel schnöden Sinns für alle Zeiten.

    O edler Geist, nun da sich Keiner kümmert
Um unsre hohen Ahnen,
So kümmre du dich, dem des Schicksals Walten
So mild sich zeigt, daß uns dein Tun gemahnen
Mag an die Zeit, wo aus der grausen, alten
Vergessenheit aufs neu die Häupter hoben
Mit den begrabnen Rollen
Die Männer, die, was die Natur gesprochen,
Vernahmen still und um die Mußestunden
Athens und Romas holden Zauber woben!
O Zeit, nun längst verschollen!
Italias Sturz war erst hereingebrochen,
Und noch nicht war das bittre Leid verwunden
In tatlos dumpfer Ruh: noch Funken führte
Die Luft empor, die unsern Grund berührte.

    Noch kalt nicht war der Aschenrest geworden
Des Manns, der Trotz geboten
Dem Schicksal, und der Trost in schnöden Beinen
Nicht fand auf *Erden*, nein, im Land der *Todten*!
Und muß nicht jeder Ort uns trauter scheinen
Als dieser ird'sche? Deine süßen Saiten
Erklangen, angeschlagen,
Noch lieblich fort, o *Liebesgrambedrückter*!

Ital'scher Sang entspringt dem Mutterschooße
Des *Schmerzes* stets! Doch mindres Leid bereiten
Uns jener Übel Plagen,
Als unsres Überdrusses Last. Beglückter
Warst du, der *weinend* trug des Lebens Loose!
Uns schnürt das Herz der Ekel ein – wir sehen
Das Nichts am Sarg und an der Wiege stehen!

    Und du verkehrtest mit dem Meer, den Sternen,
Sproß vom Ligurerstamme!
Weit über jenen Strand hinausgezogen,
Wo man zu hören glaubt der Sonnenstamme
Gezisch, wenn sie versinkt im Schooß der Wogen,
Kühn bist du vorgedrungen
Auf schrankenloser Flut und sahst sie *tagen*
Des Lichtes Strahlen, die hier untergingen,
Und fandest, trotzend jeglicher Gefährde,
Ein neues Land für lange Wanderungen
Und für dein keckes Wagen!
Freilich, was halfs? je mehr wir sie durchdringen,
Einschrumpft die Welt dem Geist. Vor Meer und Erde
Und Äther, wo die Steine tönend kreisen,
Erstaunt das Kind gewalt'ger als die Weisen!

    Wo sind sie hin, die holden Wahngedanken
Von einem Zufluchtsorte
Bei fernen Völkern, von der Ruhestätte
Der Stern' am Tag, vom Lager, nah der Pforte
Des Ostens, wo Aurora schläft, vom Bette
Der Sonne, wo sich birgt die Strahlenhelle
Des Nachts? Dahingeschwunden
Sind sie. Verzeichnet wird auf kleinem Blatte
Die Welt, und gleich ist Alles: im Entdecken
Wird größer nur – das Nichts. Von deiner Stelle
Weichst du, wenn sich die Wahrheit eingefunden,
O Phantasie! Der Geist, der wissenssatte,
Entsagt dir, und die reifen Jahre schrecken

Zurücke deine Zaubermacht: so fliehen
Die Traume, die uns holden Trost verliehen!

Indeß beleuchteten die ersten Strahlen
Das Angesicht, das milde,
Des zarten Sängers, der die Fährlichkeiten
Des Kampfes und der Liebe, die Gebilde,
Die wonnigen, besang aus schönem Zeilen,
Italias neue Hoffnung. O ihr Ritter,
O Wunderflor der Frauen, zaubervoller,
O Gärten, o Paläste! denk' ich euer,
Verliert in tausend lieblich eitlen Trieben
Sich mein Gemüt! Das Leben war so bitter
Wie heute nicht – voll süßen Wahns, voll toller
Gedanken und voll schöner Abenteuer!

Das Alles schwand, und nichts ist uns geblieben.
So nähert jeder Blüte sich verderblich
Der Zeiten Schritt – der Schmerz nur ist unsterblich.

Es ward uns dein erhabner Geist beschieden,
Torquato! doch beschieden
Dir selbst war nur der *Schmerz* zum Angebinde,
Du Ärmster! ach, es gab dir nicht den Frieden
Dein eignes Lied, und sprengte nicht die Rinde
Von Eis, mit der dein heißes Herz umgeben
Der Haß, die schnöde Fehde
Des Neides und der Übermut der Großen.
Und unsres Lebens lieblichste Betörung,
Die *Liebe* – wich von dir. Da ward zum *Leben*
Das *Wesenlose* dir, zur wüsten *Öde*
Die *Wirklichkeit*! Und deine Augen schlossen
Vor später Ehre sich – Nicht Schmerz, *Erhörung*
War dir der Tod. – Nur nach dem *Tode* trachtet,
Und nicht nach *Kränzen*, wen das Leid umnachtet!

O möchtest du noch einmal dich vom stummen
Trostlosen Grab erheben,

Wenn dich ergeht, o Musterbild der Trauer,
Zu schaun jetzt unser Leid. Wie hat das Leben,
Das dir bereits erschien voll düstrer Schauer,
Verschlimmert sich! Wie sollt' ein Zeitgenosse
Dich mitleidsvoll beklagen,
O, Teurer, jetzt wo Jeder denkt nur immer
An sich allein? Wer wird nicht töricht schelten
Dein tödtlich Leid, wenn Torheit alles Große
Erscheint in unsern Tagen,
Und Wenn nicht Mißgunst muß, nein, was noch schlimmer,
Vergessenheit als Loos der Größten gelten?
Wo nur für Zahlen, nicht für Lieder glühen
Die Herzen, kann kein neuer Kranz dir blühen!

Von dir bis jetzt ist Niemand mehr erstanden,
Leidvoller Sangesmeister,
Der des ital'schen Namens wert geworden,
Als Einer – der da brach den Bann der Geister:
Ein trotziger Allobroger! Vom Norden
Quoll Mannesmut, nicht von der Heimaterde,
So ausgedorrt, ermattet,
Ihm in die Brust. Und so, im stolzen Gange
Beschreitend waffenlos die Schauspielbühne,
Bekämpft' er die Tyrannen keck! O werde
Noch *dieser* Kampf gestattet,
Noch *dieses* Schlachtfeld dem ohnmächt'gen Drange
Des Völkerzorns! Hinunterstieg der Kühne,
Der Erste und – der *Einzige*! Gefallen
Kann ja nur schnöde Muße noch uns Allen!

Hinlebt' er makellos, voll heil'gen Zornes,
Und ihm entschwand das Leben,
Bevor sein Volk er sah noch tiefer sinken.
Es war für dich, Vittorio, und dein Streben
Nicht Zeit, nicht Ort. Ja, andrer Tag muß winken,
Und andre Stätte hohem Sinn! Wir freuen
Uns träger Ruh – wir trotten
Die Bahn der Mittelmäßigkeit! Verschlungen

Vom Schwarm ist jetzt der Heros, ausgeglichen
Ihr Unterschied, – Drum laß dichs nicht gereuen,
Ruhmvoller Spürer du! Weck auf die Todten,
Weil schlummern die Lebendigen! Die Zungen
Beseele neu, draus längst der Klang entwichen:
Bis dieß Jahrhundert sich aus Schmach und Nöten
Ermanne – wär's auch nur bis zum *Erröten*!

IV. Auf die Vermählung meiner Schwester Paolina

Nachdem, den stillen Frieden
Des Vaterhauses lassend, und die süßen
Traumbilder und den holden Wahn der Jugend,
Der als ein Gottgeschenk uns labt hiernieden,
Das Schicksal in des Lebens Braus, den lauten,
Dich hinreißt, höre, wie erträgt die Tugend
Die Schmach der Zeit, die uns verhängt der Himmel,
O Schwester, die zu mehren
Die Zahl der Unglückskinder
Italias du denkst aus deinem Schooße
In schwerer Zeit! O suche du nicht minder
Für sie ein kräftig Vorbild! Nicht gewähren
Die herben Schicksalsloose
Der Menschentugend heut ein leichtes Leben,
Noch wohnt in kranker Brust ein edel Streben!

Feig oder *elend* werden
Sein deine Söhne. Besser *elend*! – Lange
Trennt eine Kluft, unendlich aufgerissen,
Vom Glück die Tugend! Weh, zu spät auf Erden
Erscheinen, welche jetzt das Licht begrüßen,
Und in des Menschendaseins Niedergange!
Doch stell' dem Himmel dies anheim. Im Herzen
Bewahr' das eine Streben,
Daß in des Glücks Geleisen
Nicht sklavisch Jene lenken ihre Schritte,
Der Hoffnung Spielzeug und der Furcht! So preisen

Die Kommenden einst glücklich euer Leben,
Da ja – unsel'ge Sitte
Verderbter Zeit! – mißachtet
Die Tugend bleibt, bis sie das Grab umnachtet!

Gar viel von euch, ihr Frauen,
Erharrt das Vaterland. Schimpf bracht' es nimmer,
Noch Leid der Menschenwelt, daß Feu'r und Eisen
Uns nicht mehr schreckt, wenn eure Augen schauen
Auf uns mit holdem Strahl. Es tun die Weisen
Nach eurem Rat, die Starken. Und was immer
Umkreis't das Sonnenrad, euch beugt sichs gerne!
Nun will von euch ich Rechenschaft verlangen
Für diese Zeit! Ist sie durch euch erstorben,
Der Jugend Flamme? Unsres Wesens Reinheit,
Ward sie getrübt, verdorben,
Durch *eure* Hand? Die Geister, schlafbefangen,
Der Stumpfsinn, die Gemeinheit
Des Wollens, und daß weibisch Ketten duldet
Entnervter Sinn – seid *ihrs*, die das verschuldet?

Ein Sporn zu großem Streben
Ist Liebe, und für höheres Empfinden
Ist Meisterin die Schönheit. Leer an Liebe
Ist Jeder, welchem nicht, wenn unter Winden
Entbrennt der wilde Streit, und dichter weben
Ihr dunkles Gran die Wolken, und die trübe
Gewalt des Sturms den Bergwald spaltet, freudig
Das Herz erbebt. O Bräute,
O Jungfrau'n ihr, will Einer
Liebwerbend nahn euch, den Gefahren schrecken,
Der unwert ist des Vaterlands, gemeiner
Bestrebung hold und niedren Triebes Beute,
Der soll in euch nur Haß und Zorn erwecken,
Wenn anders Frauenherzen Männer wählen,
Die Männer wahrhaft sind, nicht Weiberseelen.

Unkriegerischem Stamme
Sollt ihr nicht Mütter heißen. Leid und Mühe
Der Tugend lerne euer Sproß zu tragen,
Verachte und verdamme,
Was hochgeachtet wird in diesen Tagen.
Für's Vaterland erblühe
Die Jugend, eingedenk was ihm sie schuldet!
So wuchsen, von den Kunden
Der Heldenzeit umtönt, heran die Leuen
Von Sparta, Hellas' höchsten Ruhm zu wahren,
Bis mit dem Schwert in weihevoller Stunde
Die junge Braut umgürtete den Treuen,
Und schweigend dann umhüllte mit den Haaren
Den Todten, vom Gefilde
Heimkehrend auf dem wohlbewahrten Schilde!

Virginia, deine Wangen
Berührte, Himmelsglanz um sie zu weben,
Der Schönheit Finger, und als stolz zurücke
Du wiesest frevelhaftes Unterfangen,
Ergrimmte Romas Herr. Schön floß, im Glücke
Des holden Jugendtraums, dahin dein Leben,
Als grausam dir zerriß des Vaters Eisen
Die Brust, die lilienreine,
Und still zum Orkus nieder
Du gingst. Mein Reiz verwelke, rasch von dannen
Führ' ihn ein Windhauch, sprachst du; meine Glieder
Umfange Grabesnacht, eh' ich mich eine
Dem Lager des Tyrannen.
Vermag ich Mut und Kräfte Rom zu geben,
Mit meines Bluts Erguß – nimm hin mein Leben!

O Edle, strahlt auch nimmer
Die Sonne heut in also holdem Strahle
Wie deiner Zeit sie strahlt', ist doch zufrieden
Gestellt dein Grab, denn Tränenspende nimmer
Versagt das Vaterland. Die Romuliden
Erglühn in frischem Rachedrang am Male,

Das deine Reste birgt. Sieh staubbesudelt
Die Locke, die die Krone
Geschmückt, in neuem Glanze
Strahlt Freiheit, und von allen Erdengauen
Kühnlich Besitz ergreift die Römerlanze,
Vom dunklen Pol bis in die heiße Zone.
O könnte Mut der Frauen
Und Adel heut auch geben
Dem trägen Rom ein neu verjüngtes Leben!

V. Auf einen Sieger im Ballonspiel

Des Ruhmes Angesicht und Ruf, den hellen,
Will ich dich, Knabe, lehren,
Und wie voransteht edlem Müßiggange
Die schweißbedeckte Tugend. Komm zu hören,
Hochherz'ger Kämpe du, wenn ja der schnellen
Stromflut der Jahre du in mut'gem Drange
Willst streitig machen deines Namens Beute,
Und laß dein Herz zu Höherem befeuern!
Der Cirkus lärmt, begeistert auf dich schauend,
Und Volksgunst spornt zu edlem Tun dich heute;
Dich ruft, auf neuen Alters Blühn vertrauend,
Das Vaterland, das teure,
Daß altes Beispiel sich durch dich erneure.

Es tünchte mit Barbarenblute nimmer
Auf Marathons Gefilde
Die Hand, wer *stumpfen* Sinns auf Elis' Plane
Die Ringbahn und das Kampfspiel sah, das wilde,
Und den nicht spornte fremden Kranzes Schimmer,
Daß er zu gleichem Ziel den Pfad sich bahne;
Und in des Alpheus Fluten wusch die Flanken
Siegreicher Rosse wohl und staub'ge Mähnen
Vorher der Held, der mördrisch in den bangen
Schlachtreihn der Meder, die schon weichend sanken,
Begrub die Griechenschwerter, daß erklangen

Vom Weh der Unglücksrufer
Der Euphrat und das ganze Sklavenufer.

Doch – *nutzlos* scheint vielleicht, was aus der Asche
Die angestammte Tugend
Aufrüttelt, neue Funken draus zu schlagen,
Und was im matten Lebensgeist der Jugend
Anfachen wieder mag die Glut, die rasche:
Mit Recht! Seit traurig seinen Flammenwagen
Am Himmel Phöbus lenkt – sind Menschentaten
Mehr als ein Spielwerk? und ist minder eitel
Die Wahrheit als der Irrtum? Uns gegeben
Zum Trost ist *holder Wahn*, und wo entraten
Muß solchen edlen Sporns ein trübes Leben,
Muß rühmliches Bemühen
In träge Ruh sich wandeln und verglühen.

Es kommt vielleicht die Zeit, wo die Ruinen
Ital'scher Steinkolosse
Befleckt das Rind, wo seufzen unterm Pfluge
Roms Hügel; und es kreisen Phöbus' Rosse
Vielleicht nicht lang mehr, bis der Tag erschienen,
Wo Latiums Städte sich der Fuchs, der kluge,
Wählt zum Asyl, und zwischen Mauern flüstert
Ein dunkler Wald: falls nicht der Himmel endlich
Ein Halt gebeut dem schmählichen Ersterben
Des vaterländ'schen Sinns, das uns umdüstert,
Und, von uns wendend drohendes Verderben,
Uns noch will Gnade schenken,
Zum Lohn, so wir des alten Ruhms gedenken.

Zu überleben kränke dich, o Lieber,
Des Vaterlandes Leben.
Einst hättst durch sie du wohl in Ruhm gestrahlet,
Eh' sie den Kranz, ersiegt in edlem Streben,
Verlor durch unsre Schuld. Das ist vorüber:
Wer ist, der noch mit solcher Mutter prahlet?
Doch schwinge dich von selbst zu stolzen Höhen!

Wozu dies Leben? nur daß mans verachte!
Glücklich ists nur, wenn's unter Schicksalsstreichen
Sich selbst vergißt, nicht Muße hat, zu sehen
Und zu belauschen träger Stunde Schleichen:
Am glücklichsten, wenn leise
Den Schritt es abwärts lenkt zur letzten Reise.

VI. Brutus der Jüngere

Als hingeworfen starb im Thrakerstaube
Ital'sche Heldenkraft, ein unabsehbar
Schauspiel von Sturz und Tod, wo zur Bedrängnis
Der Au'n Hesperias und der Gestade
Des Tibris das Verhängnis
Schon vorbereitet der Barbarenrosse
Gestampf, und aus den Wäldern,
Vom Sterngebild des Bären
Beglänzt, die röm'schen Vesten zu zertrümmern,
Beruft das Schwert des Gothen:
Da, schweißbedeckt und noch durchweicht vom Blute
Des Bruderkampfs, saß Brutus in der Stille
Der Nacht, und eh' er sich gesellt den Todten,
Die Götter und den Hades
Anklagt' er, und mit trotz'gem Klageliede
Erschüttert er die Luft, die schlummermüde.

Törichte Tugend, jene Nebelfelder
Der ruhelosen Larven
Sind zur Belehrung dir; an deine Spuren
Geheftet ist die Reu'. Marmorne Götter,
(Ob ihr den Wohnsitz habt auf styg'schen Fluren,
Ob über Wolken), nur zu Spott und Hohne
Dient euch das unglücksel'ge
Geschlecht, das euch mit Tempeln ehrt, und tückisch
Spielt mit den Sterblichen das Schicksal. Grollen
So unversöhnt von ird'scher Seelen Frommheit
Die Himmlischen? Ruchlosen also thronst du

Zum Schutz, o Zeus? Wenn deine Donner rollen
Im Äther und du zückest
Den Blitzstrahl in der Rechten,
Gilt er den Edlen stets und nicht den Schlechten?

Des Schicksals Not drückt unbezwinglich, eisern,
Ach, uns ohnmächt'ge Sklaven
Des Tods, und scheint dem Volk das Leid unmöglich
Zu bannen, tröstets noch sich mit des Leides
Notwendigkeit. Ist leichter zu ertragen
Ein Übel, das nicht Heilung kennt? Empfindet
Den Schmerz nicht mehr, wer hoffnungslos erkranket?
Auf Tod und Leben ewig kämpft, o Schicksal,
Der Tapfre, als ein Krieger,
Der nimmer weicht, und wenn ihn deine Rechte,
Die grausame, belastend überwältigt,
So strahlt er unverzagt, im Sturz noch Sieger,
Indeß er in den Busen
Den Stahl sich stößt, den herben,
Und wie zum Hohne lächelt noch im Sterben.

Nicht wohlgefällt den Göttern, wer gewaltsam
Einbricht ins Todesreich. Die Götter freilich,
Sie selbst – nie wären sie so hochgemutet!
Hat etwa unser Ungemach der Himmel,
Und unsre Brust, die unter Schlägen blutet,
Zum angenehmen Schauspiel sich erkoren?
Nicht voller Schuld und Leiden,
Nein, rein und frei das Dasein
Auf freier Flur hat uns Natur gegeben,
Einst Göttin, Königin. Doch nun auf Erden
Ruchlos gestürzt ihr sel'ges Reich, und andern
Gesetzen untertan das karge Leben,
Wenn eine starke Seele
Abschütteln will ihr Joch, was schilt verschwendet
Natur den Pfeil, den nicht sie *selbst* gesendet?

Schuldunbewußt, unkundig eignen Leides,
Hinleben stets die Tiere,
Die glücklichen; zum ungeahnten Ziele
Führt sie gemach die Zeit. Doch wenn es einem
Von ihnen je, von Schmerz bedrängt, gefiele,
Freiwillig zu zerschmettern sich die Glieder,
Kein innrer Zwiespalt würde, kein geheimes
Gesetz Einspruch erheben
Je gegen solchen Drang. Euch nur von allen
Geschlechtern, die da leben, euch, den Söhnen
Prometheus', wird zum Überdruß das Leben,
Und euch *allein* auch immer
Verbeut ein Götterwille
Im Leid den Pfad zu heilger Todesstille.

Vom Meer, das strömend unser Blut besudelt,
Aufsteigst du, reines Mondlicht,
Die ruhelose Nacht und die Gefilde,
Verhängnisvoll ital'scher Kraft, durchspähst du.
Verwandte Brust der Sieger stampft, der wilde,
Die Hügel dröhnen, niederstürzt vom Gipfel
Der Macht die alte Roma –
Du bist so still? Du sahst erstehn die Sprossen
Lavinias; die Zeiten,
Die goldnen, sahst du und die Lorbeerkronen,
Und unverändert wirst du deine Strahlen
Ausgießen über Höhn, wenn diese Weiten,
Die einsamen, zum Schimpf ital'schen Namens,
Auf's neu in künftigen Jahren
Verfallen sind dem Schritte der Barbaren.

Sieh unter nacktem Fels das Tier des Waldes,
Den Vogel auf den Zweigen,
Im Herzen hegend des Vergessens Wonne,
Des angebornen: Sturz und Schicksalswechsel
Nicht kennen sie, und rötet in der Sonne
Des Morgens sich des Landmanns Dach, wird dieser
Mit seinem Morgenliede

Die Täler wecken, jener unterm steilen
Geklipp die Schaar, die zage,
Der kleinern Tiere jagen.
O Elend! ein vergeßner Teil der Dinge
Sind wir, – und unsre bange Schicksalsfrage
Bekümmert kein Orakel
In Höhlen, wo die Eule krächzt, und nimmer
Erbleicht aus *Mitgefühl* der Sterne Schimmer!

Nicht des Olymps und des Cocytus Götter,
Die tauben, nicht die Erde
Ruf ich, und nicht die Nacht, sobald ich sterbe,
Nicht dich, o letzter Hoffnungsstrahl des Todes,
O Ruhm der Zukunft! Meine Gruft, die herbe,
Darein ich zürnend sank, soll Wort und Seufzer
Des schnöden Haufens ehren?
Die Zeit wird schlimmer; übel anvertrauet
Ist trägen Enkelsöhnen
Der Ruhm erles'ner Geister und die Rache
Des Elends. Kreise denn, du brauner Vogel,
Du gieriger, um mich, von Raubtierzähnen
Benagt und Regengüssen,
Mein irdscher Rest verschwinde,
Und meines Namens Spur verweh' im Winde!

VII. Im Frühling

oder

Über die Mythen der Alten

Weil nun die Sonne heilet
Die Wunden der Natur, und mit dem lauen
Gesäusel neu belebt die kranken Lüfte
Der West, so daß sich sinkend lös't der Wolken
Umschattung – weil vertrauen
Dem Wind die Vögel ihre Brust, und strahlend
Das Taglicht neues Sehnen, neues Hoffen
Einstößt dem Tier sogar in Waldestiefen,
Wo ringsum tauend schmilzt des Reifes Hülle –
Darum soll unsern Geistern, die da schliefen
Im Bann des Leids, ermattet,
Zurückgekehrt das goldne Alter scheinen,
Das vor dem Unglück und der düstern Fackel
Der Wahrheit hingeschwunden,
Ach, allzufrüh? Bleibt deiner Strahlen Schimmer,
O Sonnengott, den Menschen nicht umdunkelt
Auf ewig, und du, Frühling,
Duftspender, du durchwehst noch lockend immer
Dieß Herz, in Frost erstarrt und eingerostet,
Das in der Jugend schon das Alter kostet?

Lebst du, ach, lebst du, heil'ge
Natur, und dringt uns zu entwöhnten Ohren
Wahrhaft ein Laut der mütterlichen Stimme?
Wohl hatten Bäch' und Quellen einst zum Wohnsitz,
Zum Spiegel sich erkoren
Die Nymphen. Da geschahs, daß Nachts die Höhen
Und Wälder, jetzt ein öd' Asyl der Winde,
Den Fuß Unsterblicher im Tanzschwung spürten,
Und daß die Hirten, wenn zu Schattengründen

Am Mittag, dem unsicheren, sie führten
Die durst'gen Lämmer, oder
Ans blumenreiche Stromgestad, vernahmen
Der Faune Lieder, sahen
Ein wundersames Zittern in dem raschen
Gewog des Stroms, weil ungesehn soeben
Hinab die Göttin tauchte,
Die köchertragende, dort abzuwaschen
Den schnöden Staub der Jagd, der blutig-heißen,
Von ihrem Jungfraunleib, dem schneeig-weißen.

    Es lebten einst die Blumen,
Die Wälder. Hold vertraut war da dem Wehen
Der Lüfte, dem Gewölk, der nächt'gen Leuchte
Des Monds der Menschen Loos, als über Hügel
Und Fluren dich gesehen
Hinwallend reinen Glanzes in der Stille
Der Nacht der Wanderer, o Titanide,
Und als Gefährtin dich, als liebevolle,
Des Menschen dachte. Und wenn ausgetrieben
Von Zwietracht, und entflohn der Schmach, dem Grolle
Der Bürger, irrend Einer
Den Busen wund sich stieß im starren Dickicht
Pfadloser Wälder, glaubt' er,
Daß ihm den Blutstrom jage durch die Adern
Lebendig Feuer, glaubte, Blätter seufzen
Und Daphnis oder Phyllis
Aus Bäumen klagend mit dem Schicksal hadern
Zu hören, oder auch Clymenens Sprossen,
Den in die Stromflut Helios gestoßen.

    Und ihr nicht minder lieht den Klagelauten,
Die Sterbliche zu euch im Leid erhoben,
Ein achtsam Ohr, ihr starren Waldesfelsen,
Als einsam eure stillen Klausen Echo,
Nicht leerer Winde Toben,
Nein, einer Nymphe unglücksel'ger Odem
Bewohnte, den die Liebe schied und hartes

Geschick vom zarten Körper. Durch die Klippen,
Durch rauhe Schluchten, öde Waldesgründe
Trägt sie die Klagebotschaft unsrer Lippen
In die gewölbte Halle
Des Äthers hin! Und dich auch nennt die Sage
Der Menschenloose kundig,
Tonreicher Vogel, der im laub'gen Dunkel
Des Jahrs Verjüngung singend jetzo feiert,
Und der, wenn rings begraben
In Todesruh das Feld, und das Gefunkel
Der Stern' erlosch im Nachtgewölk – Wehklage
Beginnt um Leid und Schmach vergangner Tage.

Doch nein, verwandt nicht bist du
Den Menschen – deine Lieder, sie erschallen
Von keinem Schmerz erpreßt: es birgt dich schuldlos
Und darum minder gern des Tales Dämmrung.
Nun des Olympus Hallen
Verödet sind, und rollend durch die Wolken
Und über Berge hin, auflös't der Donner
Des Guten wie des Bösen Herz nicht minder
In kalten Schauer ganz; und weil bewußtlos
Der Heimatstrand, unkundig seiner Kinder,
Ernährt verdroßne Seelen:
So leihe du, Natur, dem bittern Kummer,
Dem schnöden Menschenloose
Gehör': entfach auf meines Herzens Herde
Die alte Glut, so du in Wahrheit lebest
Und Etwas noch im Schooße
Des Meers, im Himmel oder auf der Erde
Zuwendet unserm traurigen Geschicke,
Wenn auch sein Mitleid nicht, doch seine Blicke.

VIII. Hymnus an die Patriarchen

oder

Von den Anfängen des Menschengeschlechtes

Euch singt der schmerzgebornen Söhne Lied,
Euch, menschlichen Geschlechts erlauchte Väter,
Im Preisgesang: die ihr, dem ewigen
Beweger der Gestirne teurer, minder
Beweinenswert als wir entsprossen seid
Im hehren Licht! Unheilbar Leid, geschaffen
Zu sein für Tränen – Tod und Grabnacht süßer
Zu finden als des Äthers goldnes Licht –
Nicht fügt' es Mitleid so, nicht ein gerechtes
Gesetz des Himmels. Wenn von eurer alten
Verirrung, die des Menschen Samen preisgab
Der Tyrannei des Siechtums und des Unglücks,
Die Sage spricht, hat andre Schuld der Enkel,
Hat Wahnsinn, Aufruhr, schlimmer den gekränkten
Olymp bewaffnet gegen uns, bewaffnet
Die Hand, die schnöd mißachtete, der Mutter
Natur, die uns gesäugt. So ward die Flamme
Des Lebenslichts zur Pein uns, fluchbeladen
Ward schon die Frucht im Mutterschooß, und wild
Herein ins Leben brach der Erebus!

Das Licht des Tages und der kreisenden
Gestirne goldner Glanz, das neugeborne
Getier des Felds und auf der jungen Flur
Den Hauch der Luft, der schweifenden – das Alles
Hast du zuerst erschaut, der menschlichen
Familie altehrwürd'ger Fürst und Vater!
Als des Gebirgsstroms Welle Felsgeklipp
Und öde Schluchten traf im Niedersturz
Mit unerhörtem Braus; als auf den holden

Zukünft'gen Stätten hochberühmter Völker,
Lärmvoller Städte, noch der Friede herrschte,
Und über Höhn, von keinem Pflug berührt,
In Einsamkeiten still aufging der Strahl
Des Phöbus und der goldnen Luna: – glücklich,
O glücklich war, von Schuld und Trauer frei,
Die Erde noch in solcher Einsamkeit!
Doch welches Leid hat deinem Stamm, o Vater,
Von bitteren Geschicken welche Reih',
Bereitet das Verhängnis! Raserei
Des Blutdursts, sieh, des Brudermords, besudelt
Das Saatgefild, das karg den Schweiß belohnt,
Und durch den göttlich-hohen Äther rauscht
Zum erstenmal des Todes dunkler Flügel.
Hinirrt der Brudermörder zitternd, flieht
Der Einsamkeit Umschattung, schreckt zusammen
Vorm Windesrauschen in den tiefen Wäldern:
So richtet er gesell'gen Wohnsitz auf,
Herberg' und Reich der blassen Sorg'; der Reue
Verzweiflungsgram, der kranke, seufzende,
Gesellt, verbündet in gemeinsamen
Behausungen die blinden Menschensöhne.
Versagt ward ruchlos so dem krummen Pflug
Die Hand, vernichtet ward das Schweißbemühn
Des Landmanns. Müßiggang bestieg den Thron
Auf lasterhaften Stätten, Urkraft schwand
In den entnervten Leibern, es erschlaffte
Der Geist, und Knechtschaft zwang – der Übel ärgstes –
Ins Joch das wehrlos-dumpfe Menschenleben.

Und *du* wardst Retter vor des Äthers Grimm
Und Meeresschwall auf wolkennahen Jochen
Dem ruchlosen Geschlecht, du, dem zuerst
Von wiederaufgetauchten Gipfeln her,
Aus trüber Luft der neuen Hoffnung Zeichen
Die weiße Taube bracht', und, aus dem alten
Gewölk erstehend wie aus einem Schiffbruch,
Die Sonne mit der holden Iris malte

Den dunklen Pol. Zurückgekehrt zum Erdreich,
Erneuert die Begier, das frevle Trachten,
Und sein Gefolg, die Drangsal, das verjüngte
Geschlecht. Des Meeres unnahbare Reiche
Bedräut als Rächer spottend jetzt der Mensch
Mit frevler Hand, und bringt das Leid, die Tränen
An neuen Strand und unter neue Sterne.

Dein jetzt, der Frommen Ahn, gerecht und stark,
Und deines Samens edler Sprößlinge,
Denkt meine Seele. Künden will ich, wie
Du ruhend, unbekannt, im Mittagsschatten
Der stillen Heimatstätte auf den trauten
Gefilden, deiner Herden Weidesitz,
Gesegnet wardst von himmlisch hoher Pilger
Verborgnem Geist: und wie, o Sohn der klugen
Rebecca, nah dem ländlichrohen Brunnen,
Im aranit'schen Tal, dem lieblichen,
Dich Lieb' ergriff zur schönen Labanstochter:
Ja Liebe, mächtige, um derentwillen
Verbannung, langes Ungemach, sogar
Des Sklavendiensts verhaßte Last ertrug
Der Geist des Wackren ohne Widerstreben.

Gewiß einst war – nicht bloß mit Schattenbildern
Und eitlem Wahne nährt aonischer
Gesang und alter Sage Ruf das Ohr,
Das hörbegierige, des Volks – befreundet
War unsrem Stamm dereinst, und süß und traut
Dieß ird'sche Jammertal, und golden rann
Das flücht'ge Leben hin. Nicht daß von Milch
In reiner Welle sich ein Strom ergoß
Vom Hang der Heimathöhen, oder daß
Der Hirt den Tiger, unter seine Herden
Gemischt, zum Stalle scherzend führte, oder
Den Wolf zum Brunnen – doch noch unbewußt
Des eignen Schicksals, eignen Leides, lebte
Die Menschheit harmlos hin, und den geheimen

Gesetzen, die Natur und Himmel gab,
Sich fügend, wob der holde Trug und Wahn
Um alle Dinge seinen weichen Schleier,
Und unser Lebenskahn zog, sich begnügend
Schon mit der Hoffnung, ruhig in den Port.

So lebt in Californiens weiten Wäldern
Ein glückliches Geschlecht noch heut, dem nicht
Die Sorge nagt die Brust, dem nicht die Glieder
Verzehrt ein grausam Siechtum; dem die Speise
Der Wald, die Wohnung Felsgeklüft, den Trank
Des Tales Quelle beut, und dem der Tag
Des dunklen Todes unerwartet naht.
O wie so wehrlos gegen unser Wagen,
Das frevle, sind die Reiche der Natur!
Die Ufer und die Höhlen und die Wälder
Schließt unser Wahnsinn unbezähmbar auf,
Erzieht besiegte Völker neuem Leid
Und unbekannter Gier, und so verfolgt er
Das Glück, das nackten Fußes vor ihm flieht,
Bis an der Sonne fernsten Niedergang.

IX. Sapphos letzter Gesang

O milde Nacht, o trauter Strahl des Mondes
Im Untergang! Und du, der sich erhebt
Dort überm Fels im schweigendstillen Wald,
Des Tages Bote! O wie lieb und traut
Einst waren diese Bilder meinem Auge,
So lang mir unbekannt noch war die Schuld
Und das Verhängnis! Doch nun lächelt, ach,
Kein Anblick mehr den leiderregten Sinnen!
Nur dann beseelt noch ungewohnte Lust
Ein Menschenherz, wenn durch den lichten Äther
Sich wälzt, und über's bebende Gefild,
Des Südsturms Staubgewog, und wenn der Wagen,
Der schwere Wagen Jupiters, zu Häupten

Uns donnernd wild durchjagt die Finsternis!
Uns freut zu wandeln unter Felsen, Schluchten,
Im Nebel, uns erfreut die wilde Flucht
Erschreckter Heerden, oder an des Stromes
Gefährdevollem Strand das wilde Brausen,
Der siegesstolzen Wogen Übermut!

Schön bist du, schön in deinem Sternenmantel,
O Äther! schön auch, tauige Erde, du!
Doch ach, von dieser unermeßnen Schöne
Ließ keinen Teil der Götter und des Schicksals
Gewalt der armen Sappho. Nur ein schnöder,
Wertloser Gast in deinem Reich, Natur,
Bin ich verschmähte Liebende – vergebens
Zu deinen Huldgestalten Herz und Aug'
Erheb' ich liebeflehend. Nimmer lächelt
Besonnter Strand und von den Ätherpforten
Des Morgens Helle mir: nicht grüßt das Lied
Der bunten Vögel mich, und nicht der Buchen
Gesäusel. Und wo klar im Schattengrund
Geneigter Weiden dehnt der Bach den Spiegel,
Da scheint sich meinem nackten Fuß die Welle,
Die schweigsame, wie grollend zu entziehn
Und fortzufliehn durchs blumenduft'ge Land.

Ha, welch Vergehn, welch arger Frevel hat
Befleckt vor der Geburt mich, daß so düster
Auf mich der Himmel blickt, so streng das Auge
Der Schicksalsgöttin? Was verbrach ich schon
Als Kind, zur Zeit, wo doch noch jeden Fehls
Unkundig ist das Dasein, daß so kläglich
Beraubt der Jugendlust, so blütenlos,
Sich jetzo drehn muß an der Parze Spindel
Mein starrer Lebensfaden? Doch, die Lippe
Spricht unbedacht – das menschliche Geschick
Lenkt ein geheimer Ratschluß. Ja, geheim
Ist Alles, nur der Schmerz nicht. Ausgestoßen,
Zum Leid geboren sind wir, und der Grund,

Er ruht im Götterschooß. O Sorg', o Hoffnung
Der Jugendzeit! Der Schönheitsblüte nur,
Ja, süßer Schönheitsblüte nur verlieh
Der Himmel Obmacht über Menschenherzen;
Für Heldentum und Liedesklang in armer,
Bescheidner Hülle blüht kein Ruhmeskranz!

    Ich werde sterben. Den unwürd'gen Schleier
Abstreifend, wird der hüllenlose Geist
Zum Hades fliehn, und tilgen so, was grausam
Gesündigt hat der blinde Schicksalsspender.
Du aber, dem ich lange Lieb' umsonst
Geweiht, und lange Treu, an den
Unzähmbar mich der Sehnsucht Wahn gefesselt,
O lebe glücklich, wenn ein Sterblicher
Auf Erden glücklich lebt. Mich netzte nicht
Mit süßem Naß des neid'schen Eimers Zeus,
Seit hingeschwunden mir der Kindheit Traume
Und Täuschungen. Die freudenreichen Tage
Des Lebens schwinden stets am schnellsten auch!
Einschleichen Siechtum, Alter und der Schatten
Des kalten Todes. Siehe, von so vielen
Erhofften Palmen, holdem Wahn, bleibt nur
Der Hades mir. Aufnimmt dieß kühne Herz
Die Göttin Tänarums, die schwarze Nacht
Am schweigenden Gestade des Cocyt.

X. Die erste Liebe

Des Tags gedenk' ich, wo ich süßer Triebe
Gewalt in mir zuerst empfand und sagte:
Weh mir, wenn Liebe *dieß* – wie quält die Liebe!

Wo ich das Aug' nicht aufzuschlagen wagte,
Und doch vor Augen hatte stets das Prangen
Der Holden, die den Pfeil ins Herz mir jagte.

Was machtest du aus mir, o Glutverlangen?
Was mußte sich so süßem Drang gesellen
Ach, solcher Sehnsucht Schmerz und solches Bangen?

Wie kams, daß nicht mit reinen, heitren Wellen
Die Freude nur das tiefe Herz bedeckte?
Was mußten sie so stürmisch-trübe schwellen?

Sag an, o liebend Herz, was dich erschreckte
Inmitten einer Lust, mit der verglichen
Doch jede Lust nur Überdruß erweckte?

Ja, einer Lust, die schmeichelnd dich beschlichen
Am Tag und minder nicht, wenn in der Runde
Die weite Welt verstummt war und erblichen:

Wo dann dein Leid mit Seligkeit im Bunde
Mir auf den Kissen schüttelte die Glieder,
Und stürmischer du pochtest jede Stunde;

Und wie, wenn müd ich schloß die Augenlider,
Der Schlaf, gleichwie verscheucht von Seufzerlauten
Der Fieberglut, nie sank auf mich hernieder!

Und während Finsternisse mich umgrauten,
Wie hielt mein Augenpaar, ob auch geschlossen,
Lebendig fest das holde Bild der Trauten!

O wie sich durch mein Innres dann ergossen
Glutströme süßer Regung! wie viel tausend
Gedanken, wirr und unstät, ich entsprossen

In meiner Seele fühlte, wie wenn sausend
Im Laubholz Winde durch die Wipfel jagen,
Und ganz der Wald aufwogt, weithin erbrausend.

Und wenn mein Mund vermochte nichts zu sagen,
Was sagtest du, mein *Herz*, als uns die Hohe
Verließ, für welche du so heiß geschlagen?

Ich hatte kaum gefühlt, wie mich bedrohe
Verzehrend diese Glut, dieß heiße Minnen,
Da schwand, was kühlen mochte solche Lohe.

Das erste Grau'n umwob des Schlosses Zinnen,
Als das Gespann am Tor ich stampfen hörte,
Das sie entführen sollte, ach, von hinnen!

Vom Lager eilt' ich rasch, der Angstbetörte,
Zum Fenster, wandte lauschend in die Stille
Der Dämmrung hin das Antlitz, das verstörte,

Ob mir zufällig nicht noch einmal stille
Den Schmerz ein letzter Laut des süßen Mundes,
Wenn Andres nicht mehr gönnte Schicksalswille.

Wie drang ins Tiefste mir des Seelengrundes
Der Frost, wenn Dienerstimmen rauh erschollen,
Statt jener, die ersehnt mein Herz, mein wundes!

Und dann – als endlich doch der zaubervollen,
Der teuren Lippe Ton erklang, verschwebend
Alsbald im Hufschlag, in der Räder Rollen:

Hinstürzt' ich mich aufs Lager, ganz ergebend
Dem Schmerze, der Verzweiflung mich, der bittern,
Und drückt' ans Herz die Hand, und seufzte bebend.

Dann schleppt' ich auf den Knieen mich mit Zittern
Wehklagend durchs Gemach. Wird nicht für immer
Betäubt der Sinn in solchen Schmerzgewittern?

Ja, nur Erinnrung blieb, seit mit Gewimmer
Ich klagte so, die herbe: anderm Bilde
Und anderm Laut erschloß mein Herz sich nimmer.

Den Sinn umflorte mir das Leid, das wilde,
Wie wenn die Regenwolke, dichtgewoben,
Herabtrauft taglang, traurig, aufs Gefilde.

Nicht kannt' ich dich, als du mit wildem Toben
Im Achtzehnjährigen, zum Leid geboren,
Zuerst versuchtest deine Zauberproben,

O Liebesgott! – als ganz an mir verloren
War jede Lust: der Wiese Grün, das Blinken
Der Stern' und alle Sonnen und Auroren.

Des Ruhmes Ziel sogar ließ ab, zu winken
Dem Aug, das erst so heiß dafür entbrannte –
Der *Schönheit* Strahl nur wollt' es jetzo trinken!

Selbst von der Wissenschaft den Sinn ich wandte,
Und eitel schien sie mir, in deren Lichte
Zuvor ich eitel alles Andre nannte.

O wie verwandelt war ich! – Wie zu rächte
Gemacht ist bald ein Trieb vom andern Triebe!
Was sind wir alle doch für schnöde Wichte!

Mein Herz nur achtet' ich und meine Liebe:
In ew'gem Zwiegespräch war ich mit ihnen,
Bedacht, daß nur der süße Schmerz mir bliebe!

Vorüber gehn ließ ich mit kühlen Mienen
Am Aug', geheftet stets auf *eine* Stelle,
Was Holdes und Unholdes mir erschienen:

Zu trüben fürchtet' ich in mir das helle,
Das reine Bild, das ich ins Herz geschlossen,
Wie an der Luft sich trübt des Weihers Welle.

Und jener Schmerz, daß man nicht ganz genossen
Ersehntes Glück - der schon so manchem Munde
Vergällt den Kelch, drein er wie Gift geflossen -

Zur Qual, ach, macht' er *mir* auch jede Stunde
Der hingeschwundnen Zeit. Doch nie noch drückte
Die Scham ins Herz mir eine Stachelwunde:

Wars doch nicht niedre Gier, was mich berückte.
Rein war - der Wahrheit schwor' ich es zur Steuer -
Die Flamme, die verzehrend mich beglückte.

Und stets noch lebt in mir dies heil'ge Feuer,
Lebt jenes Bild, das mein war anders nimmer,
Als Heil'genbilder sind - und das doch teuer

Mir ewig bleibt, und mir genügt für immer.

XI. Der einsame Sperling

Herunter von der Höh' des alten Turmes,
Einsamer Sperling, kommst du, singend immer
Bis Sonnenuntergang auf allen Auen,
Mit Klängen selbst beseelend stille Täler.
In Lüften glänzt, in blauen,
Der Frühling rings und jauchzt auf den Gefilden,
Und wundersam berührt er alles Leben.
Und Lämmer hörst du blöken, Rinder brüllen,
Siehst fröhlich alle Vögel um die Wette
Im freien Himmelsäther kreisend schweben
Und ihrer schönsten Zeit Beruf erfüllen.
Du aber, sinnend, weilst auf öder Stätte,
Und nicht Gefährten suchst du,
Nicht Spiel und Scherz kann Freude dir bereiten.
Du singst, und so entschwinden
Des Jahrs und deines Lebens Blütezeiten!

Wie ähnlich solchem Wandel
Ist, ach, der meine! Scherz und fröhlich Lachen,
Des Jugendalters fröhliche Begleiter,
Und du, der Jugend Schwester selbst, o Liebe,
Die Seufzer weiß im *Greis* noch anzufachen,
Was ist mir euer lärmendes Getriebe?
Fern flücht' ich euren Spuren:
Als Eremit, als Fremdling
Weil' ich auf Heimatfluren,
Und seh' des Lebens Frühling so verstreichen.
Der Tag, der eben will dem Abend weichen,
Als Festtag pflegt ihn unser Ort zu feiern.
Horch, Glockenton, im reinen Blau zu hören,
Und ferne schallt von Weiler hin zu Weiler
Geknatter lustig aus metallnen Röhren;
In festlichen Gewändern
Verläßt des Ortes Jugend
Die Häuser, auf den Straßen froh zu schlendern;

Sie schaut und wird geschaut, und freut sich herzlich.
Doch ich, zu wandeln lieb' ich
Hinaus ins Feld, ins fern entlegne, schmerzlich-
Bewegt, und Scherz und Freude stets verschieb' ich
Auf andre Zeit, und während sinnend schweifen
Die Blicke weithin, streifen
Mich zwischen Bergen dort die letzten Strahlen,
Die nach den schönsten Tagen
Doch auch entschwinden, gleich als wollten mahnend,
Wie schnell die schöne *Jugend* weicht, sie sagen!

    Einsamer Vogel du! kommt einst der Abend
Des Lebenstags, den dir das Schicksal gönnte,
Dein Tun und Dasein, könnte
Dichs je gereu'n? Nein! Ein Geschenk der Mutter
Natur sind deine holden Lebensfreuden!
Mir aber, ist zu meiden
Mir nicht vergönnt die Schwelle
Des Alters, die verhaßte,
Spricht einst mein Aug' nicht mehr zu fremden Herzen,
Ist leer dem Blick die Welt, und kaum so helle
Die Zukunft als die Gegenwart: wie wird mir
Erscheinen dann mein Leben,
Mein zwecklos Tun, mein irdisches Geschicke?
Erfassen wird ein Grausen mich, und trostlos
Zurücke wenden werd' ich oft die Blicke!

XII. Das Unendliche

Mir teuer stets war dieser öde Hügel
Und dieß Gestrüpp, das einen großen Teil
Vom fernen Horizonte raubt den Blicken:
Doch ruhend hier und schauend träumt sich jenseits
Desselben unermeßne Fernen, träumt
Sich tiefsten Frieden, heil'ge Götterstille
Der Sinn, wo nicht Geringes schon die Seele
Befängt mit Schrecken. Und wenn dann den Windhauch
Ich säuseln hör' im Strauchwerk, dann vergleich' ich
Mit jener ew'gen Stille dieß Gesäusel,
Da, siehe, kommt das Unvergängliche
Mir in den Sinn, vergangner Zeiten denk' ich,
Und unsrer Zeit, der lauten. Da verschlingt
Den Geist die Woge des Unendlichen:
Und lieblich ists in dieser See zu scheitern.

XIII. Feiertagsabend

Sternhell und mild und windstill ist die Nacht,
Und ruhig über Gärten, ruhig über
Den Dächern steht der Mond, und zeigt das ferne
Gebirg in reinem Glanz. – Geliebteste!
Nun schweigt der Pfad, und durch die Fenster blinkt
Mit kargem Flackerschein die nächt'ge Lampe:
Du schlummerst! Sanft und leicht umfängt der Schlaf
In stiller Kammer dich, und sorglos ruhst du,
Nicht wissend, ach, nicht ahnend, welche Wunde
Du mir geöffnet mitten in der Brust!
Du schläfst; doch ich erhebe mich, den Äther
Zu grüßen, der dem Aug' so mild erscheint,
Und die Natur, die ew'ge, allgewalt'ge,
Die mich zum Leid erschuf. »Dir«, sprach sie, »sei
Versagt die Hoffnung, selbst die Hoffnung; dir
Erglänz' im Auge nur die Schmerzesträne!«

Ein Festtag wars, und von Zerstreuungen
Ausruhst du nun, und denkst vielleicht im Traum,
Wie Vielen heute du gefielst, wie Viele
Dir selbst gefielen; meiner ach – wie hofft' ichs? –
Gedenkst du nicht. Ich frag' indeß, wie lang
Noch währen soll dieß Dasein. Auf den Boden
Hinwerf' ich mich und jammre laut. O Tage
Des Unheils in so früher Jugend! – Horch!
Unfern erschallt am Weg der einsame
Gesang des Manns, der heimkehrt spät am Abend,
Nachdem er sich vergnügt, zur niedren Hütte.
Und schmerzlich schnürt sich mir das Herz zusammen,
Denk' ich, daß Alles so vorübergeht
Und keine Spur zurückläßt. Sieh, dahin
Ist nun der Festtag, und dem Festtag folgt
Der Werktag: jedes menschliche Begegnis
Entführt die Zeit. Wo blieb der Lärm der Völker
Des Altertums? Wo blieb der Kriegsruf
Der hochberühmten Ahnen, wo das Reich
Des stolzen Roms, die Waffen, das Getümmel,
Das brausend über Meer und Länder scholl?
Verstummt ist Alles und es ruht die Welt,
Und keine Rede geht von ihnen mehr.
In meiner Jugend schon, in jener Zeit,
Wo man *ersehnt* den Festtag – ach, wenn er
Vorüber war, da lag ich traurig, wach,
Auf meinem Lager; und in später Nacht,
Wenn draußen fern ein Lied ich so vernahm
Verklingend allgemach, da schnürte schon,
Wie jetzt, sich mir das tiefste Herz zusammen.

XIV. An den Mond

O holder Mond, heut wieder denk' ich dessen,
Wie auch vor Jahresfrist ich diesen Hügel
Betrat, von Leid erfüllt, dich zu betrachten:
Und über jenem Walde hingst du damals.
Wie nun du drüber hängst, ihn ganz erhellend.
Doch nebelhaft und zitternd ob der Tränen,
Die quollen auf die Wimper mir, erschien
Dein Antlitz meinem Aug'; denn traurig war
Mein Leben damals, und ists noch, und ändert
Sich nimmer, o geliebter Mond! Und doch
Ist mir Erinnrung lieb und meines Leides
Betrachtung! O, wie süß ists, in der Jugend,
Die lange Hoffnung hat und kurz Gedächtnis,
Vergangnes still bedenken, ob auch traurig
Der Sinn, und altes Leid noch immer währet!

XV. Der Traum

Der Morgen kam und durch geschloßne Scheiben
Des Fensters goß mir ins umdunkelte
Gemach der Tag den ersten Dämmerschein,
Zur Stunde, wo der Schlaf am leichtesten,
Am süßesten umschattet unsre Lider, –
Da war's, als mir erschien, ins Antlitz blickte
Das Bild des Weibes, das zuerst mich Liebe
Gelehrt und dann – mich einsam ließ in Tränen.
Nicht todt erschien sie mir, doch blickte traurig
Ihr Angesicht, wie einer Gramgebeugten!
Aufs Haupt mir legte sie die Hand und seufzend
Begann sie: »Lebst du noch, und in der Seele
Bewahrst du mein Gedächtnis noch?« »Woher«,
Gab ich zur Antwort, »kommst du, teure Schöne?
Wie vieles Leid ertrug ich, trage noch
Um dich, und meinte nie, du solltest's wissen –

Und so gebrach nur *mehr* mir jeder Trost!
Doch, willst du mich ein zweites Mal verlassen?
Ich fürchte! Sprich, was ist mit dir geschehn?
Bist du dieselbe noch? Und was verzehrt
Dein Inneres?« – »Vergessenheit umschattet
Dir die Gedanken und der Schlaf die Sinne«,
Sprach sie; »gestorben bin ich, und du sahst mich
Das letzte Mal vor Monden.« Unermeßlich
Befing mein Herz das Leid bei diesem Wort.
Und weiter sprach sie: »In des Lebens Blüte
Geknickt, zur Zeit, wenn, ach, am süßesten
Das Leben – eh' das Herz ermißt, wie eitel
Ist jeder Hoffnungstraum! Herbeizuwünschen,
Was uns befreit aus allem Leid – wir lernen
Es früh genug, – und doch für *zarte Jugend*
Ist Schrecknis noch der Tod, und wert der Tränen
Ist eine Hoffnung, die das *Grab* verschüttet!
Was hilfts, zu wissen, was Natur verbirgt
Den Lebensunerfahrnen? und um Vieles
Ist besser als zu früh gereifte Weisheit
Unwissend-blindes Leid!« – »Verstumme«, sprach ich,
»O Unglückselige, Teure! du zerreißest
Das Herz mir! *Todt* bist du, Geliebteste?
Und ich, ich lebe, und so wars verhängt,
Daß Todesnot erprobten deine Glieder,
Die teuren, zarten, und mir ungeschädigt
Blieb dieser schnöde Leib? O wie so oft,
Wenn ich gedenke, daß du todt, daß nimmer
Ich dich im Leben sollte wiedersehen –
Nicht glauben kann ichs! Ach, was ist wohl das,
Was Tod genannt wird? Heut könnt' ichs erfahren,
Und dieß wehrlose Haupt der grausamen
Befehdung des Verhängnisses entziehn!
Ein Jüngling bin ich noch, doch meine Jugend
Rinnt fruchtlos mir dahin wie Greisenalter;
Vorm Alter beb' ich, und noch ists mir ferne.
Doch wenig nur vom Alter unterscheidet
Sich meine Blütezeit.« – »Zum Leid geboren«,

Sprach sie, »sind beide wir, und unserm Leben
Zulächelte kein Glück. An unsren Qualen
Vergnügte sich der Himmel!« – »Wenn mir nun«,
Erwiedert' ich, »das Augenlid die Träne
Verschleiert und die Blässe das Gesicht
Ob deines Hingangs, und voll Gram ich trage
Das Herz, sprich, fiel von Liebe, fiel von Mitleid
Ein Funke niemals in die Seele dir,
So lang du lebtest? Ach, verzweifelnd schleppt' ich
Und hoffend mich die Tage hin, die Nächte;
Und heut in dieses Zweifels Schwankungen
Ermüdet mir der Geist. Befiel nur einmal
Ein Schmerzgefühl dich um mein dunkles Leben,
Verhehl' es nicht, ich stehe. Laß Erinnerung
Mich trösten, da geraubt ist unserm Leben
Die Zukunft.« – Und sie sprach: »Getröste dich,
Unglücklicher! Nie war, so lang ich lebte,
Ich mitleidskarg für dich, noch bin ichs jetzt,
Denn elend war auch ich. Nein, keine Klagen
Erhebe gegen mich unsel'ges Weib!«
»Bei unserm Schmerzensloose, bei der Liebe,
Die mich verzehrt«, rief ich, »beim trauten Namen
Der Jugend und bei der verlornen Hoffnung,
Die lebend wir gehegt, laß mich berühren,
Geliebte, dich!« – Da reichte sie mit sanfter,
Doch trauriger Geberde mir die Hand.
Doch während ich mit Küssen sie bedecke,
Und an das Herz, das mächtig atmende,
Sie leidvoll – zärtlich drücke, deckt mit Schweiß
Sich Brust und Antlitz glühend mir, es stockt
Das Wort mir in der Kehle, schwindelnd seh' ich
Des Tages Licht vor meinem Auge tanzen:
Und tief und innig in mein Aug' versenkend
Das ihre, sprach sie: »Denkst du nicht, o Teurer.
Daß ich entkleidet bin all meiner Schöne?
Vergebens, o Unglücklicher, in Sehnsucht
Erglühst du noch und zitterst. Fahre wohl!
Getrennt auf ewig bleiben unsre Seelen

Und unsre Leiber. *Mir* nicht lebst du, mir
Nie wieder wirst du leben. Schon zerriß
Den Bund der Treue, die du mir geschworen,
Das Schicksal.« Also sprach sie. Da vor Angst
Aufschreien wollt’ ich, und, krampfhaft erbebend,
Die Augen quellend von Verzweiflungstränen,
Riß ich mich los aus Schlummersbanden. Sie
Stand mir im Aug’ noch immer – sie erblickt’ ich
Im Dämmergrau’n des Morgens lange noch!

XVI. Das einsame Leben

Es klopft an meine Hütte sacht, mich weckend
Aus leichtem Schlaf, des morgendlichen Regens
Geträufel, während im verschloßnen Stalle
Die Henne mit Gegacker schlägt die Flügel
Und spähend an das Fenster tritt der Landmann,
Und ihren Zitterstrahl die Sonne wirft,
Die junge, unter flieh’nde Sternenschaaren:
Da mich erhebend preis’ ich froh die Wölkchen,
Die leichten, und der Vögelchen Gezwitscher,
Den frischen Hauch, die heiteren Gefilde.
Denn nur zu lang, unsel’ge städtische Mauern,
Sah und erkannt’ ich euch, dort wo der Haß
Des Leids Gefährte, wo ich leidvoll lebe,
Und leidvoll sterben werde, ach, wohl bald!
Nur du, Natur, zeigst Mitleid mir, wiewohl
Ein karges, hier, die einst um vieles noch
Sich milder mir gezeigt! Ach, du auch wendest
Hinweg den Blick vom Elenden; auch du
Schreckst vor dem Leid, dem Mißgeschick zurück,
Und beugst dich sklavisch vor des Glückes Göttin.
So bleibt kein Freund im Himmel und auf Erden
Unglücklichen, kein Tröster – als das Eisen.

Zuweilen sitz ich an entlegnem Ort,
Auf einem Abhang, an des Sees Gestad,

Wo stille Pflanzen krönend mich umranken.
Dort wenn der Mittag hoch am Himmel steht,
Malt in der Flut ihr ruhig Bild die Sonne;
Nicht Gras noch Blatt bewegt im Winde sich,
Kein Wellchen kräuselt sich, kein Grillchen zirpt,
Die Schwinge regt kein Vogel in den Zweigen,
Kein Falter flattert, nah und ferne rings
Siehst du, vernimmst du Stimme nicht noch Regung.
In tiefster Ruh versunken ist die Flur:
Und so die Welt vergessend und mich selbst
Dort sitz' ich reglos, wie gelös't erscheinen
Mir meine ruh'nden Glieder schon, Empfindung
Bewegt sie nimmer, und mit ihrer Ruh
Ist eins geworden jenes Ortes Stille!

O Liebe, Liebe, fern entflogen bist du
Aus meiner Brust, die einst so heiß gewesen,
Ja glühend! Nun hat Unglück es zusammen-
Gepreßt mit kalter Hand, in Eis verwandelt
Ist's in des Lebens Frühling! Oft gedenk' ich
Der Zeit, wo in mein Herz du dich gesenkt!
Die süße Zeit wars, die nie wiederkehrt,
Die Zeit, wenn sich dem jugendlichen Blick
Erschließt die Bühne dieser Welt und ihm
Zulächelt als ein Paradies! Dem Jüngling
Pocht in der Brust vor jungfräulicher Hoffnung
Das Herz, und vor Verlangen, und ans Werk
Des Lebens geht der arme Sterbliche
Gleichwie zu Tanz und Spiel. Doch kaum bewußt,
O Liebe, ward ich dein, als schon mein Leben
Zertrümmerte das Schicksal, und nichts Andres
Als Tränen mehr geziemte meinem Auge!
Zuweilen freilich, wenn auf lichten Fluren
Am stillen Morgen, oder wenn im Strahl
Der Sonne Dächer, Hügel, Felder glänzen,
Wenn da mir eines holden Kindes Antlitz
Begegnet – oder wenn in sanfter Stille
Der Sommernacht den irren Schritt ich hemme

Vor ländlicher Behausung irgendwo,
Und, still den Blick gesenkt, noch eines Mädchens
Helltönenden Gesang vernehme, das
Im einsamen Gemach dem Werk der Hände
Die Nacht auch opfert: da beginnt zu pochen
Mein armes Herz von Stein; bald aber sinkt es
Zurück in eh'rnen Schlaf, denn fremd geworden
Ist ihm für immer jede sanfte Regung!

Geliebter Mond, in dessen stillem Scheine
Das Wild im Haine tanzt, darob der Jäger
Am Morgen klagt, weil ihm, verwirrt, die Fährte
Unkenntlich ist, und vom Versteck der Tiere
Seitab ihn lenkt der Irrtum. Sei gegrüßt,
Du milder Fürst der Nächte! Feindlich fällt
Dein Strahl ins Waldgebüsch, auf Felsenpfade,
In wüstverfallne Mauern, auf den Stahl
Des bleichen Räubers, der gespannten Ohrs
Der Räder Rollen und der Rosse Trab
Belauscht von fernher, und den Schritt des Wandrers
Am stillen Pfad – dann plötzlich, unversehens,
Mit Waffenklang und rauher Stimme Drohn
Und mit dem grausen Blick das Herz versteinert
Des Wanderers, den halbentseelt und nackt
Er bald zurückläßt unter Felsen. Feindlich
Triffst du mit bleichem Schimmer in den Gassen
Der Stadt den schnöden Buhler, der sich ängstlich
Drückt an die Mauern, und im Schattendunkel
Sich hält, und lauschend öfters stille steht,
Zusammenschrickt vor brennenden Laternen
Und offnen Fenstern. Feindlich bist du so
Den Bösen, aber mild und freundlich immer
Ist *mir* dein Anblick hier auf diesen Fluren,
Wo du mir Andres nicht als heitre Hügel
Und Weite Felder zeigst. Ich pflegte schon
In jugendlich-unschuld'ger Zeit, dein Licht
An vielbewohnten Stätten anzuklagen,
Wenn es dem Blick der Menschen mich verriet,

Und meinem Aug der Menschen Anblick zeigte.
Nun werd' ich stets dich loben, magst in Wolken
Du segeln, oder, reinen Glanzes wallend
Als Herrscher auf des Äthers lichter Flur,
Herniederschaun auf diese Menschenwelt,
Die tränenvolle! Mich wirst oft du noch
Einsam durch Wald und Felder schweifend sehn,
Zuweilen ruhend auch im Gras – zufrieden,
Daß Herz und Odem mir noch blieb – zu *seufzen*!

XVII. Consalvo

Consalvo lag auf seinem Sterbelager
Am letzten seiner Tage – grollend einst
Dem Schicksal, nun nicht mehr, denn, in der Mitte
Des fünften Lustrums, schwebt ihm überm Haupt
Vergessenheit, die süße. Wie seit langem,
Dalag er nun an seinem Sterbetage,
Von seinen liebsten Freunden all verlassen.
Denn immer bleibt zuletzt kein Freund auf Erden
Dem Manne, der des Ird'schen überdrüssig!
Doch ihm zur Seite war, bewegt von Mitleid,
Zum Trost der traurigen Verlassenheit,
Sie, die allein und immer sein Gedanke,
Elvira, durch der Schönheit Reiz berühmt.
Der eignen Macht bewußt, wohl wissend, daß
Ein Blick von ihr, ein Wort, von holdem Trost
Nur angehaucht ein weniges, ach, tausend
Und tausend Mal getreulich wiederholt
In eingedenker Seele, Nahrung, Stütze
Dem Herzen war des armen Liebenden,
Obgleich kein Wort der Liebe je von ihm
Ihr Ohr vernommen. Stets in seiner Seele
War stärker als der Sehnsucht tiefer Drang
Die nie bezwungne Scheu. Zum Kind, zum Sklaven
Hatt' ihn gemacht das Übermaß der Liebe!

Doch endlich riß der Tod die Bande, die
Gefesselt seine Zunge. Nah schon fühlend
Den Augenblick, wo sich das Ird'sche lös't,
Faßt an der Hand er die Entwandelnde,
Und, drückend diese liljenweiße Hand,
Spricht er: »Du gehst, es zwingt die Stunde dich:
Leb' wohl, Elvira. Nimmermehr erblick' ich
Dich wieder. – Lebe wohl! Ich sage dir
So heißen Dank für deine treuen Sorgen,
Als meine Lippe sagen kann. Belohne
Dich, wer's vermag, wenn Lohn bestimmt den Edlen!« –
Das schöne Weib erblaßt' und ihrer Brust
Entrang ein Seufzer sich, denn stets bedrückt
Das Menschenherz leidvoll der Augenblick,
Wenn scheidend sagt ein Mensch – und wär' er fremd auch
Auf ewig Lebewohl! Zu widersprechen
Ermannt sie sich verstellt der Todesahnung
Des Sterbenden. Doch noch zuvor kam Jener
Dem Wort und sprach: »Ersehnt, ja, viel ersehnt,
Und viel ersteht – du weißt's – kommt mir der Tod,
Und nicht gefürchtet. Heiter mir erscheint
Der letzte Tag! Wohl drückt es mich, daß ich
Für immer dich verliere. Weh! für immer
Zu scheiden ziemt's. Mir spaltet sich das Herz
Bei diesem Wort. Nie mehr dein Antlitz schau' ich,
Noch hör' ich deinen Laut! O sprich – Bevor
Wir scheiden, o Elvira, willst du nicht
Mir geben – einen *Kuß*, nur *Einen* Kuß
Für dieß mein ganzes Leben? Wer verweigert
Dem Sterbenden die Gnade, die er fleht?
Und nie ja kann ich des Geschenks mich rühmen,
Der ich schon halb entseelt, und dem noch heut,
In wenig Augenblicken, fremde Hand
Die Lippe schließt auf ewig.« Also sprach er
Mit Seufzen, drückte stehend auf die Hand
Der Angebeteten die kalte Lippe.

Unschlüssig stand, versunken in Gedanken,
Das schöne Weib. Gewendet war ihr Antlitz,
Von tausend Reizen strahlend, nach dem Antlitz
Des Unglückseligen, auf dem erglänzte
Die letzte Träne. Nicht vermocht' ihr Herz
Die Bitte zu verschmähn, den düstren Abschied
Durch Weigrung zu verbittern: und es siegte
Das Mitleid mit der wohlbekannten Glut!
Und dieses Himmelsantlitz, dieser Mund,
So heiß ersehnt, durch vieler Jahre Lauf
Ein Gegenstand der Seufzer und der Träume,
Sanft naht' es sich dem düstren Angesicht
Dem schon erblassenden in Todesnot,
Und heilger Güte voll, erhabnen Mitleids,
Bedeckt die Lippe sie, die wie im Krampf
Erzitternde, des Liebenden mit Küssen.

Was ward aus dir alsdann? Was waren Leben
Und Tod und Mißgeschick vor deinen Augen,
O scheidender Consalvo? Noch die Hand,
Die er in seiner hielt, der Heißgeliebten,
Legt' er aufs Herz sich, drin die letzten Schläge
Des Todes und der Liebe still verbebten,
Und sprach: »Elvira, o Elvira – wohl
Bin ich auf Erden noch; wohl lag dein Mund
Auf meinem und ich drücke deine Hand!
Unglaublich scheint es mir – ein Traum, ein Spiel
Der Phantasie. O wie so viel, Elvira,
Dank' ich dem Tod! Verborgen war vorher
Dir meine Liebe nicht auch kurze Zeit,
Nicht dir, nicht Andern; nicht verbirgt auf Erden
Sich wahre Liebe je. Nein, offenbar
Verriet dir's Haltung, Aug', befangne Miene –
Doch nicht die *Lippe*. – Jetzt und immerdar
Wär' stumm geblieben das unendliche
Gefühl, das ganz mein Herz beherrscht, wenn nicht
Ermutigt mich der *Tod*. Mit meinem Loose
Zufrieden sterb' ich nun – nicht mehr beklag' ichs,

Daß sich dem Licht erschloß mein Aug'. Ich lebte
Vergebens nicht, nun mirs vergönnt, zu drücken
An diesen Mund den meinen. Glücklich preis' ich
Mein Loos! Zwei holde Dinge hat die Welt:
Die Liebe und den Tod. Den einen sendet
Der Himmel in des Lebens Blüte mir,
Und durch die andre fühl' ich mich beseligt.
O hättest früher du ein einzig Mal
Gestillt mein Liebessehnen – sieh, für immer
Zum Paradiese hätte sich gewandelt
Vor meinem Aug' die Erde. Selbst das Alter,
Das vielverhaßte, gern hätt' ichs ertragen,
Zufriednen Sinnes, denn es zu ertragen
Genügte mir für immer die Erinnrung
Des einen Augenblicks, wo ich beglückt,
Ja über Alle war beglückt! Doch ach,
So hohes Glück gewährt das Schicksal nicht
Der irdischen Natur. So *heiß* zu lieben
Und *glücklich* – Keinem ists vergönnt. Und doch,
In Henkershände, unter Geißelschlägen,
Auf Rad und Holzstoß wär' ich froh gegangen
Aus deinen Armen, froh hinabgestiegen
Ins allgefürchtet ew'ge Todesgraun!

Heil ihm, Elvira, Heil ihm über alle
Unsterblichen, dem du das holde Lächeln
Der *Liebe* zeigst! Heil ihm nicht minder auch,
Der für dich geben dürfte Blut und Leben!
Vergönnt ists Sterblichen, – kein leerer Traum ists,
Wie ich so lang gewähnt – vergönnt ists, glücklich
Zu sein auf Erden. Ich erkannt's am Tage,
Als ich zuerst dich sah. Ich wußte, daß
Mir tödtlich jener Tag. Und doch vermocht' ich
Mit festem Sinne nie, trotz allen Leides,
Dem Tag zu grollen, dem verhängnisvollen!

Nun lebe glücklich, und die Welt verschöne
Mit deinem Angesicht, Elvira! Keiner

Wird je dich lieben, wie Consalvo liebte!
Solch Glutgefühl ersteht kein zweites Mal!
Ach, in so langer Zeit, wie heiß, wie heiß
Rief dich mein Sehnen weinend stets und klagend!
Vernahm ich deines Namens Laut, Elvira,
Das Herz erstarrte mir und ich erblaßte;
Bei deiner Tritte Nahn, wie zittert' ich,
Und ach, bei deiner Engelsstimme Klang,
Und bei dem Anblick deines Angesichts, –
Ich, der ich doch vorm Tode nicht erzittre! –
Doch, Kraft und Odem hab' ich länger nicht
Für Liebesworte! Meine Zeit ist um,
Und dieses Tags mich zu erinnern, ach,
Ist mir versagt. So lebe Wohl, Elvira,
Mit meinem letzten Lebensfunken schwindet
Dein liebes Bild aus meinem Herzen – endlich!
Fahr Wohl! War nicht zur Last dir meine Liebe,
So schenke morgen, wenn der Tag sich neigt,
Auch einen Seufzer meinem Sarge *du*!«

Er sprachs, und schwieg, und mit der Rede Laut
Entwich der Geist, und vor dem Abend schwand
Ihm aus dem Blick sein erster sel'ger Tag!

XVIII. An die Geliebte

O teure Schönheit, mir das Herz entfachend
Von fern, ob auch du mir verbirgst die Züge,
(Wenn deines Schattens Flüge
Nicht himmlisch wie im Traume
Das Herz berühren, und im Feld, wo lachend
Die Schöpfung und der Tag mir glänzt, der holde)
Beschrittst du irdsche Räume
In bessern Zeiten, die benannt vom Golde?
Und nun als leichter Lufthauch
Schwebst du durchs Volk hin? oder hat das Walten
Des Schicksals dich der *Zukunft* aufbehalten?

Mir bleibt, dich als Lebendige zu schauen,
Kein Hoffnungsstrahl. Werd' ich dich etwa finden
Dereinst, wenn, ledig dieser irdschen Hülle,
Auf neuer Bahn zu unbekannten Auen
Hinwallt mein Geist? Schon als sich mir erschlossen
Der Jugend Pfad, unsicher und umdunkelt,
Dacht' ich dich mir auf diesen rauhen Gründen
Als Pilgerin. Doch kein Geschöpf auf Erden
Gleicht dir, und wem gelänge, gleich zu werden
Dir an Geberde, Zügen, Sprache – nimmer
Erglänzt' er doch wie du in gleichem Schimmer!

Wenn Einer in der lastenden Bedrängnis,
Die das Geschick zum Anteil uns beschieden,
Dich schaute, wie vor mir im Traum zu schweben
Du pflegst, und froh dir weihte Lieb' und Treue,
Wie selig war' sein Leben!
Und wohl empfind' ich, wie nach Ruhm aufs neue
Zu jagen, wie in erster Jugend, Liebe
Mich könnte spornen. Doch es gibt der Himmel
Nicht solchen Trost. Wär' doch dieß Sein, das trübe,
Mit dir gleich jenem, das im Himmel oben
Zu Göttern macht die Götter, glanzumwoben!

In Tälern, wo erklingen
Des müden Landmanns Lieder,
Da sitz' ich und betraure
Des Jugendmuts allmähliches Zerrinnen,
Und auf den Hügeln streck' ich hin die Glieder,
Verlornem Sehnen, Hoffen nachzusinnen
Der schönen Jugendtage – da erwach' ich
Und denk' an dich und bebe,
O, wärs nur stets vergönnt mir, festzuhalten
Dein *Bild* hier – es genügte mir sein Schimmer,
Da *Wirklichkeit* versagt mir ist für immer.

Wenn du von jenen ewigen Ideen
Bist eine, die bisher die ew'ge Weisheit
Zu kleiden sich gescheut in irdsche Formen,
Und in hinfäll'ger Hülle preiszugeben
Dem todverfallnen Leben
Und seinen Qualen – oder wenn dort oben
Von jenen unzählbaren Welten eine
Dich hält, ein Stern, der glänzt in holderm Scheine,
Der Sonne nah, umweht von mildern Lüften, –
Von hier, wo flüchtig sind der Freude Blüten,
Nimm hin das Lied des Fremden, Lieberglühten!

XIX. An den Grafen Carlo Pepoli

Den Schlaf voll ängstlich wilder Träume, den
Wir Leben nennen, wie erträgst du ihn,
Mein Pepoli? Mit welchen Hoffnungen
Hinfristet sich dein Herz? In welchem Denken,
In welchem Tun, erfreulich oder drückend,
Hinbringst die Muße du, die ferne Ahnen
Vererbten dir als mühevolles Gut?
Ist doch des Menschen Dasein Müßiggang,
Nur Müßiggang, wenn jenes Tun und Wirken,
Das nicht nach würd'gem Ziele trachtet, oder
Das nie zum Ziel gelangt, zu nennen ziemt

Ein müßiges. Das Völkchen, das betriebsam
Die Scholle pflügend, pflanzend, Heerden hütend,
Den Morgen sieht und sieht des Abends Stunde –
Wenn du es müßig nennst, weil all sein Leben
Darauf nur zielt, das Leben selbst zu fristen,
Und für sich selber keinen Wert besitzt,
So sprichst du wahr! Dann bringt die Tag' und Nächte
Der Fährmann müßig hin; nur Müßiggang
Ist jedes unabläß'ge Schweißbemühn
Der Werkstatt, Müßiggang die nächt'ge Wache
Des Kriegers und sein tödlich Waffenhandwerk,
Und müßig lebt der habsuchtglüh'nde Kaufherr:
Denn nicht für sich erwirbt noch auch für Andre
Auf Erden Einer je das holde Glück,
Nach welchem strebt die menschliche Natur,
Mit Schweiß und Sorge, Wachen und Gefahr!
Doch für den ungestümen Drang nach *Glück,*
In welchem, seit das Licht erblickt die Welt,
Vergeblich alle Menschenherzen seufzen,
Hat an der Stelle der Arznei Natur
Ins unglücksel'ge Sein uns mitgegeben
So manch Bedürfnis, dem nicht ohne Mühe
Und Sinnen Stillung wird – daß *ausgefüllt,*
Wenn auch nicht heiter, schwinde so der Tag
Den Menschenkindern, und im wirren Drang
Nach glücklich heitrem Dasein hingegeben
Dem Tun, das ihr Beruf, sie minder traurig,
Als wir, das Sein empfinden, minder drückend,
Und minder über *lange Weile* klagend!
Doch wir, die andern Händen wir vertraun
Die Sorge für die Fristung unsres Lebens,
Wir müssen die noch schwerer lastende
Notwendigkeit ertragen, die für uns
Kein Andrer kann ertragen – wir ertragen
Mit Überdruß und Unmut sie, die schnöde
Notwendigkeit: *das Leben hinzubringen,*
Die grausame, die unerträgliche
Notwendigkeit, die nicht gehäufte Schätze,

Nicht Heerdenreichtum, oder üpp'ge Felder,
Kein Purpurmantel und kein Königshof
Erleichtern kann dem Menschen. Und wenn Einer,
Sein schnödes Sein verwünschend, und das Licht
Des Tages hassend, seinem späten Schicksal
Zuvorzukommen, mörderisch die Hand
Nicht auf sich selber richtet, sucht er töricht
Für jene Qual der unheilbaren Sehnsucht,
Die da vergebens schmachtet nach dem Glück,
Der wirkungslosen Mittel tausende,
Die stets doch kärglichen Ersatz nur bieten,
Für jene, die Natur allein gewährt.

Ihn hält der Kleider Schmuck, des Haares Pflege,
Des Gangs, der Haltung Feinheit, Leidenschaft
Für Ross' und Wagen, glänzend volle Säle,
Geräuschvoll menschendichte Plätze, Gärten,
Ihn Spiel, Gelage, Tänze, vielbeneidet,
Beschäftigt Tag und Nacht: von seiner Lippe
Weicht nie das Lächeln, aber, ach, im Busen,
In tiefster Brust, da, schwer und unbeweglich
Wie eine diamantne Säule, ruht
Die *Langeweil'* – unsterblich, gegen welche
Machtlos ist Jugendmut, machtlos
Der süße Laut von einer Rosenlippe,
Machtlos der zarte Blick, der zitternde,
Aus dunklem Augenpaar, der süße Blick,
Das göttlichste von allen ird'schen Dingen!

Und Mancher, gleich als dächt' er zu entrinnen
Dem traurigen Geschick, bringt, Himmelsstriche
Und Länder wechselnd, hin sein Leben, schweift
Weit über Berg' und Meeresflut, durchwandert
Den ganzen Erdkreis; jede fernste Grenze
Des Raums, den in unendlichen Gefilden
Des Alls erschloß dem Menschen die Natur,
Ermißt sein Wanderschritt. Doch ach, es sitzt
Dicht hinter ihm am Schiffsverdeck die Sorge,

Die dunkle, unter jedem Himmel ruft man
Umsonst das Glück – nur düstre Trauer herrscht.

Und Manche gibt es, die zum Zeitvertreib
Des Schlachtengotts grausames Werk erwählen,
In Blut die Hände tauchen, zu entfliehn
Dem Müßiggang und Manche trösten sich
Mit fremdem Schaden, denken minder elend
Zu sein, wenn Andere sie elend machen:
So bringen sie die Zeit mit Schädigung
Des Nächsten hin. Ein Andrer jagt nach Tugend
Und Weisheit oder Künsten, Andre bringen
Das eigne Volk bedrückend oder fremdes,
Und ferner Länder alte Ruhe störend
Mit Handelslust, mit Waffen und mit Listen,
Ihr zugemessnes Teil des Lebens hin.

Dich lenket sanftrer Wunsch und süßre Sorge
In deiner Jugend Blütezeit, im holden
April der Jahre, Andern liebstes, erstes
Geschenk des Himmels, bitter, schwer und feindlich
Dem, der kein Vaterland besitzt. Dich regt und stachelt
Der Dichterworte Wissenschaft, die Deutung
Des Schönen, das nur selten, karg und flüchtig
Erscheint hiernieden, und auch jenes Andren,
Das, gütiger als Himmel und Natur,
Die unerschöpfte Phantasie hervorbringt
Und unser eigner Wahn. O tausendmal
Beglückt der Mann, der die hinfäll'ge Kraft
Des holden Phantasirens nicht verliert
Im Zeitenumschwung; welchem ew'ge Jugend
Des Herzens mild gewährte das Geschick;
Der in der Vollkraft Tagen und des Welkens,
Wie er gepflegt in grüner Blütezeit,
In seinem Geiste die Natur verschönert,
Der Wüste Leben gibt, und selbst dem Tode.
Dir gebe dies der Himmel, und es habe,
Die jetzo dich mit ihrem Wort befeuert,

Dich einst auch als ergrauten Freund, die Dichtkunst.
Von *mir,* ach, seh' ich all den süßen Trug
Der Jugend weichen, schwinden aus den Augen
Die holden Bilder, die so sehr ich liebte,
Die immer, bis zu meiner letzten Stunde,
Ersehnt, beweint mir sind in der Erinnrung.
Wenn nun erkaltet ist und ganz erstarrt
Dieß Herz dereinst, und auf besonnten Fluren
Nicht Einsamkeit, die heiterlächelnde,
Noch morgendlicher Vögel Frühlingslied,
Noch unter heitrem Himmel, über Hügeln
Und Feldern mir der stille Mond die Seele
Bewegt und in Natur und Kunst das Schöne
Mir seelenlos und stumm ist, hoher Sinn
Und zarte Regung ganz mir fremd geworden –
Dann will ich, bettelnd nur um eignen Trost,
Mir anderes Bestreben, minder lieblich,
Erwählen, dran des ehern-rauhen Lebens
Wertlosen Rest ich wende. Alles Bittre
Der Wahrheit und die blinden Schicksalsloose
Der irdischen und überird'schen Dinge
Will ich erforschen, und wozu geschaffen,
Von Elend immerdar und Leid belastet,
Das menschliche Geschlecht; zu welchem Ziel
Es dränge Schicksal und Natur, und wem
Zur Lust ist unser Jammer oder frommt;
Nach welcher Richtschnur, welchen Ordnungen
Dieß All sich wälzt, das weise Männer *preisen,*
Ich aber zu *bewundern* mich bescheide! –

   In solchem Sinne will ich meine Muße
Hinleben: denn gekannt, ob traurig auch,
Hat Wahrheit auch ihr Süßes. Und wenn oft,
Von Wahrheit redend, meine Worte nicht
Willkommen, nicht verstanden sind im Volke,
Nicht soll michs quälen! Glüht doch längst der Göttin
Des *Ruhms* in meiner Brust kein Opfer mehr:

Der Göttin, die nicht eitel blos, nein *blinder*
Noch ist als die des Glücks, und die der Liebe!

XX. Das Wiedererwachen

Erloschen wähnt' ich lange schon
Mir gänzlich im Gemüte,
Noch in des Lebens Blüte,
Der Jugend süßes Leid:

Das süße Leid, die Regungen,
Die zärtlichen, der Seele –
Was immer, obs auch quäle,
Uns wird zur Seligkeit.

Wie klagt' ich, weint' ich – siehe, da
Erstarb im neuen Leben
In meiner Brust, umgeben
Von Eis, des Schmerzes Lust!

Des Herzens lautrer Schlag erstarb,
Es schwand, die hold mich lockte,
Die Liebe mir, es stockte
Der Seufzer in der Brust.

Als trostberaubt und leer und todt
Mein ird'sches Sein beweint' ich,
Erstarrt im Froste, meint' ich,
Sei rings um mich die Welt.

Öd schien der Tag mir, öder noch
Als sonst der Nächte Dunkel,
Erloschen das Gefunkel
Der Stern' am Himmelszelt.

Doch dieses Leides Urquell, ach!
War noch das alte Minnen;

In meiner Brust tiefinnen,
Da *lebte* noch das *Herz.*

Geheim noch immer hing der Sinn
An süßgewohnten Bildern;
Mein düsteres Verwildern –
Es war noch *Liebes*schmerz!

Bis endlich diese letzte Spur
Des Grames in der Seele
Mir auch erlosch, der Kehle
Kein Ach sich mehr entrang.

Dalag ich, hatte jedem Trost
Für immer abgeschworen:
Es gab das Herz verloren
Sich selber, todesbang!

O, wie verschieden war ich jetzt
Von dem, der heiß erglühte,
Der jüngst noch im Gemüte
So holden Wahn genährt!

Mir sang nicht mehr die Schwalbe, die
Mit frohem Flügelschlage
Mich sonst geweckt, dem Tage,
Dem neuen, zugekehrt.

Mir rührt' in stiller Hütte nicht
Das Herz im Herbst, dem fahlen,
Beim Kuß der letzten Strahlen
Der Abendglocke Schall.

Der Abendhimmel glänzte mir
Umsonst auf stillem Gange:
Mir sang mit süßem Klange
Umsonst die Nachtigall.

Und du, o zärtlich Augenpaar,
Ihr Blicke, lieblich irrend,
Den Liebenden verwirrend
Zuerst mit Zaubermacht;

Und jene bloße, weiße Hand,
Die meine fassend achtlos –
Das Alles, ach, war machtlos
In meines Stumpfsinns Nacht!

So freudeleer, doch finster nicht
Bin Andern ich erschienen;
In heiter stillen Mienen
Lag Trauer nicht noch Lust.

Es hätte sich mein Wunsch den Tod
Als Leidensziel erlesen,
War möglich noch gewesen
Ein Wunsch in meiner Brust.

Gleichwie der matte Daseinsrest
Des Alters, frostig, schnöde,
Verrann mir schal und öde
Des Lebens junger Mai:

Und so hinschlepptest du, mein Herz,
Die hehre Zeit im Stillen,
Die nach der Götter Willen
So flüchtig wallt vorbei!

Doch nun – wer weckt aufs neue mich
Aus dumpfen Schlummers Banden?
Mit welcher Macht umwanden
Mich neue Triebe nun?

So wars, ihr sanften Regungen,
Herzschläge, süßes Beben,

Von euch mir nicht gegeben
Für immer auszuruhn?

Bist du's, o Flamme, die zum Stern
Des Lebens ich erkoren?
Bist du's, den ich verloren,
Drang meiner Blütezeit?

Wohin mein Auge schweifen mag,
Mir weht auf allen Wegen
Ein Hauch von Schmerz entgegen,
Doch auch von Seligkeit!

Ein neues Leben regt sich rings,
Am Strand, im Wald. Zu sprechen
Beginnt die Flut in Bächen,
Und flüsternd rauscht das Meer.

Wer gibt zurück die Tränen mir,
Nach langer Herzensöde –
Wie glänzt die Welt, die schnöde,
Verwandelt mir so sehr!

Hat etwa dich ein milder Blick
Der *Hoffnung*, Herz, getroffen?
Nein! Fern dir bleibt das Hoffen,
Das Andern Wonne schafft.

Nur lockende Betörung ist
Und Schmerz mein Angebinde,
So daß ich nimmer finde
Die gramerstickte Kraft!

Doch gänzlich nicht vernichtet ist
Sie vor des Schicksals Tücken,
Noch vor den grausen Blicken
Der *Wahrheit*, die mich schreckt:

Ich weiß, wie meine Phantasie
Fern dieser Wahrheit Spur ist:
Ich weiß, daß taub Natur ist
Und nichts ihr Mitleid weckt.

Ich weiß, daß nicht sie unser *Wohl*,
Nein, unser *Sein* nur kümmert –
Bleibt dieß nur unzertrümmert,
Was fragt sie nach dem Leid?

Ich weiß, daß unter Menschen nie
Elenden blüht Erbarmen,
Daß vor dem fleh'nden Armen
Sich flüchtet Jeder weit.

Ich weiß, daß Tugend, Geisteskraft
Jetzt unbeachtet schmachten,
Daß jedem edlen Trachten
Selbst nackter Ruhm gebricht.

Und eitel, himmlisch Augenpaar,
Ist auch dein Glanz, der reine;
Was glüht in diesem Scheine,
Das ist die Liebe *nicht*!

Kein Herzensdrang erglänzt darin,
Wie hold der Strahl mag gleißen,
In dieser Brust, der Weißen,
Kein Liebesfunke ruht.

Und Andrer zärtlich Nahn, mit Spott
Erwiedert sie's und Hohne;
Verachtung gibt zum Lohne
Sie himmlisch reiner Glut.

Und dennoch, dennoch klopfst du, Brust,
In stürmischer Bewegung:

Ob seiner eignen Regung
Verwundert sich das Herz.

Von dir, mein Herz, kommt dieser Hauch,
Der letzte, kommt dieß Glühen,
Das alte, mir verliehen
Als süßer Trost im Schmerz!

Es fehlen mir, ich fühl's, zum Geist,
Der edel und erhaben,
Natur und Schicksalsgaben,
Besitz und Schönheitszier!

Doch pochst du, Herz, vom Schicksal nicht
Gebeugt und überlistet,
Dank' ich der Macht, die fristet
Den Hauch des Odems mir!

XXI. An Silvia

O Silvia, gedenkst du
Noch jener Tage deines Erdelebens,
Als Schönheit dir im Auge,
Dem heiter ringsum schweifenden, noch glänzte,
Und fröhlich, ob auch sinnend, du die Schwelle
Des Jugendlaufs beschrittest?

Es hallten die Gemächer
Bis weithin in die Gassen
Von deinem hellen Singen,
Wenn fördernd du dein Frauenwerk, gedachtest
Mit hoher Herzensfreude
Der Zukunft, die du hofftest zu erringen.
Es war der duft'ge Mai, und du, du pflegtest
Den Tag so hinzubringen.

Die liebgewordnen Bücher da zuweilen
Verließ ich, über denen ich erglühte.
In jenen schönern Tagen,
Als meines Wesens bester Teil noch blühte,
Und vom Altan des väterlichen Schlosses
Belauscht' ich deiner Stimme Klang so gerne,
Sah deine Hand, die schnelle,
Hinfliegen über mühevoll Gewebe.
Dann schaut' ich froh die Sterne,
Die Straßen und die Garten,
Vom Abendstrahl beleuchtet, und von ferne
Das Meer, die Berge. Könnten Worte sagen
Was ich im Busen fühlte?

Welch liebliche Gedanken,
O Silvia, welch süße Hoffnungsschauer!
Wie zeigte sich uns damals
Das Leben, das Verhängnis!
Gedenk' ich jenes freud'gen, stolzen Mutes,
Fühlt sich mein Herz betroffen
Von lastender Bedrängnis,
Und neu befällt mich um mein Loos die Trauer.

Natur, Natur, was hältst du
Von dem, was in der Jugend
Du hold versprichst, so wenig? was betrügst du
So grausam deine Kinder?
Du, Liebliche, du wardst, bevor die Blätter
Des Herbsts gebleicht, dahingerafft von böser
Gewalt der Krankheit, schautest nicht erschlossen
Des Daseins schönste Blüte!
Nicht hat sich schmeichelnd in dein Ohr ergossen
Das süße Lob der schwarzen Locken, oder
Des Auges mit dem innigtrauten Blicke,
Nicht plauderten Gespielinnen am Festtag
Mit dir vom Liebesglücke!

Und *mir* auch ist verschwunden
Die heitre Hoffnung. Meinen Lebensjahren
Versagte Schicksalswille
Sogar der *Jugend* Vollgenuß. O sage,
Wie wardst du mir entwunden,
Hoffnung, Gefährtin meiner bessern Tage,
Um die die Träne mir das Aug' umdüstert?
Das wär' die Welt, *das* wäre
Das Glück, die Taten dieß, und die Erfolge,
Von denen du so viel mir zugeflüstert?
Das wäre der beschiedne Teil der Menschen?
Die Wirklichkeit, die grelle,
Hinwarf sie dich, o Hoffnung, und du wiesest
Nur noch den Tod, den kalten, mit dem Finger
Von fern mir, und des Grabes öde Stelle.

XXII. Erinnerungen

O du des Bären schönes Sternbild – nimmer
Glaubt' ich, je wieder so dich zu betrachten.
Hoch überm väterlichen Garten schimmernd,
Mit dir zu reden von den Fenstern dieser
Behausung aus, worin als Kind ich lebte
Und meiner holden Freuden Ende sah.
O welche Bilder weckte, welche tollen
Gedanken einst im Sinne mir dein Anblick,
Und deiner lichten Glanzgenossen Anblick!
Wenn ich so schweigend saß auf grünem Rasen,
Hinbracht' ich einen großen Teil des Abends,
Den Himmelsraum betrachtend, und des Frosches
Eintönig Lied vernehmend vom Gefild.
Es schweiften durchs Gesträuch Johanniswürmchen,
Und übers Brachfeld hin, indeß die duft'gen
Baumgänge flüsterten, und die Cypressen
Im Wald, und unterm Dach des Vaterhauses
Erklang die Wechselnde, klang in Ruhe
Das Werk der Diener. Welch unendliche

Gedanken, welche süßen Träume weckte
Des fernen Meeres Schau, der blauen Berge,
Die ich entdeckte, die zu übersteigen
Dereinst ich dachte, wunderbare Welten,
Wo blühen müsse wunderbares Glück.
Unkundig war ich meines Looses, – sonst
Hätt' ich dieß schmerzliche, dieß nackte Leben
Vertauscht, ach, wie so gerne mit dem Tode!

Auch sagte nicht mein Herz mir, daß verurteilt
Ich wäre, hier im rauhen Heimatflecken
Mein grünes Alter hinzubringen, unter
Gemeinem Volke, welchem fremd und oft
Sogar ein Gegenstand des Spottes Wissen
Und Bildung sind, und das mich haßt und flieht,
Aus Neid nicht, denn es achtet mich nicht höher
Als sich, nein, darum nur, weil es vermeint,
Daß ich mich selbst im Herzen höher achte,
Obgleich ich Keinem äußerlich es zeige.
Hier bring' ich hin die Zeit, versteckt, verlassen,
Beraubt der Liebe und beraubt des Lebens;
Und schroff und rauh werd' ich aus Not im Schwarme
Der Übelwollenden. Abtun hier muß ich
Die Tugend und das Mitleid; zum Verächter
Des menschlichen Geschlechtes muß ich werden
Durch diesen Troß, der mich umgibt. Indessen
Verrinnt die teure Jugendzeit, mir teurer
Als Ruhm und Lorbeerkronen, teurer als
Das reine Licht des Tages und der Hauch
Des Odems. Ja, so muß ich dich verlieren,
So freudlos, unersprießlich, hier in dieser
Unmenschlichen Behausung, unter Qualen,
O du, des kargen Lebens einz'ge Blüte!

Horch, nieder trägt der Wind den Schlag der Stunde
Vom Turm des Fleckens. Trost war dieser Ton einst
In meinen Nächten mir, – noch denk' ich dessen –
Da ich als Kind in meiner dunklen Kammer,

Von steter Angst gepeinigt, wachend lag,
Des Morgens Licht erseufzend. Ach! nichts seh' ich,
Nichts hör' ich hier, was nicht ein Bild im Sinn,
Ein holdes Angedenken, mir erneut –
Ein süßes: – doch der Süße mischt so schmerzlich
Der Gegenwart Gedanke sich, die Sehnsucht,
Die eitle, nach Vergangnem, war's auch traurig,
Das Wort, das ich mir sagen muß: Ich *war!* –
Dort der Altan, den letzten Scheideblicken
Des Tages zugewandt, hier das bemalte
Gemäuer, mit den Heerden, mit dem Aufgang
Der Sonn' auf stiller Flur: sie boten mir
Ergötzung tausendfach in meiner Muße,
Zur Zeit, da flüsternd noch mir stand zur Seite
Mein holder Wahn. In diesen alten Sälen,
Im Weißen Glanz des Schnees, wenn um die Fenster,
Die weiten, hohen, wild die Winde pfiffen,
Da klang so fröhlich meines Zeitvertreibs
Und meiner kind'schen Freude Lärm – zur Zeit,
Wo noch das bittre, grausige Geheimnis
Der Dinge sich uns hold und heiter zeigt,
Wo, wie ein unerfahrner Liebender,
Der Knabe freudig noch, in süßer Täuschung,
Sein unverkümmert Leben liebt, bestaunt,
Wie eine Schönheit aus des Himmels Höhn.

O all ihr Hoffnungen, du holder Trug
Des ersten Alters! Immer kehrt die Rede
Zu euch zurück mir, und im Gang der Zeit,
Im Wandel der Gedanken und Gefühle,
Bleibt *ihr* mir unvergeßlich. Ruhm und Größe
Sind nur Phantome; Lust, Besitz sind Ziele
Vergeblichen Bestrebens; ohne Frucht
Bleibt unser Dasein stets, ein nutzlos Elend.
Und ob auch inhaltsleer der Jahre Lauf
Mir ist, und öd und trüb mein sterblich Dasein,
Es raubt, ich seh's, Fortuna wenig mir!
Doch ach! so oft an euch zurück ich denke,

O meine alten Hoffnungen, an euch,
O meine ersten, liebsten Phantasie'n,
Und ich dann blicke auf mein leiderfülltes,
Mein dunkles Leben, und bedenke, daß mir
Von all den Hoffnungen der Tod nur blieb:
Dann schnürt sich mir das Herz zusammen, dann
Empfind' ich, daß *kein* Trost für mich erblüht.
Doch wenn der oft gerufne Tod zur Seite
Dereinst mir steht, und meines Unglücks Ende
Gekommen ist, wenn diese Erde mir
Ein fremdes Tal ist, und aus meinem Blick
Die Zukunft schwindet – *euer* noch gewiß
Werd' ich gedenken, und auspressen wird
Mir einen Seufzer jenes Bild, mir bitter
Noch machen den Gedanken, daß vergebens
Ich lebte, mir die Lieblichkeit des Tags,
Der diesem Leben mich entführt, noch trüben.

Im ersten, jugendlichen Wirbel schon
Der Freuden, der Bedrängnisse, des Sehnens,
Rief ich den Tod wie oft, und lange Stunden
Saß ich am Brunnen dort gedankenvoll,
Als wollt' in seine Wasser ich versenken
Die Hoffnung und den Schmerz. Doch später, als
Ein Schicksalsschlag dem Tode nah mich brachte,
Da weint' ich meiner holden Jugend nach,
Der Blüte meiner armen Tage, die
So zeitig fallen sollt': auf meinem Lager,
Dem Zeugen meines Grames, saß ich oft
Bei mattem Lampenschein, in später Stunde,
Auf schmerzliche Gesänge sinnend, klagend
Der stillen Nacht des Lebens Flucht, und matt
Hinschmachtend sang ein Grablied ich mir selbst.

O wer kann ohne Seufzen euer denken,
Ihr sel'gen Tage, reizvoll, unbeschreiblich,
Beginn der ersten Jugend, wenn zuerst
Zulächeln dem verzückten Erdensohne

Die Jungfraun, wenn ihm ringsher um die Wette
Zulächelt *Alles*, wenn des Neides Zunge
Noch stumm ist, oder nur erst leise flüstert,
Und die Natur – o hocherstaunlich Wunder! –
Die Rechte noch ihm hülfreich scheint zu reichen,
Sein Irren noch entschuldigt, seinen Eintritt
Ins Leben feiert, huldigend sich zeigt,
Als wollte sie als Herrscher ihn empfangen.
O diese Tage, mit des Blitzes Schnelle
Sind sie dahin! Und welcher Sterbliche
Muß nicht sein bittres Trauerloos erkennen,
Wenn diese sel'ge Zeit ihm schwand, wenn ihm
Erlosch das Licht der Jugend, ach, der Jugend!

Und hör' ich nicht von dir auch, o Nerina,
Hier jede Stelle flüstern? Bist du etwa
Gewichen aus dem Sinn nur? Wohin schwandst du,
Daß hier von dir ich nichts mehr finde, Kind,
Als die Erinnrung? Nimmer schaut dich mehr
Dieß Heimatland. Und jenes Fenster dort,
Aus dem zu mir du sprachst, und draus mir jetzt
So traurig glänzt der Sterne Widerschein,
Verlassen ists. Wo bist du, daß nicht mehr
Ich deine Stimme höre wie vor Zeiten,
Als mir bei jedem Laute deiner Lippen,
Vernahm ich auch ihn aus der Ferne nur,
Das Antlitz sich entfärbt? Das ist vorüber!
Und deine Tage sind *gewesen*, Traute!
Du bist dahin. Und *Andern* ists beschieden,
Zu wandeln jetzt auf dieser Erdenflur,
Zu weilen hier auf diesen duft'gen Hügeln.
Doch schnell entschwandest du. Dein Leben war
Ein Traum nur; fröhlich tanztest du dahin,
Auf deiner Stirne leuchtete die Freude,
Und in den Augen jene Zuversicht,
Die an des Herzens Träume glaubt, das Licht
Der Jugend – da verlöschte dieses Licht
Das Schicksal, und du sankst dahin. Nerina!

Mein Herz befängt die alte Liebe wieder.
Misch' ich in Feste mich, in heitre Kreise
Zuweilen, sprech' ich sinnend zu mir selbst:
Nie wieder schmückt sich, niemals wieder kommt
Zu festlichen Versammlungen Nerina.
Und kehrt der junge Mai zurück, und bringen
Die Liebenden den Mädchen blühnde Zweige
Und Lieder dar, so denk' ich: Für Nerina
Kehrt nie der Lenz zurück und nie die Liebe.
An jedem heitren Tag, bei jedem blühnden
Gefild, das ich erblicke, jeder Freude,
Die ich empfinde, ruf' ich: Nimmer freut
Nerina sich daran; sie schaut die Fluren,
Die Himmelsluft nie wieder. Ja, du schwandest
Dahin, du ew'ger Seufzer meiner Seele,
Du schwandest hin – doch ewig mischen wird
In all mein Sinnen, all mein zart Empfinden,
In jede frohe, traurige Bewegung
Des Herzens sich dein schmerzlich Angedenken!

XXIII. Nachtgesang eines Hirten in Asien

Was willst du, Mond am Himmel? sprich, was willst du,
Verschwiegner Mond? Am Abend
Erhebst du dich und wanderst,
Betrachtend öde Fluren, und dann gehst du
Zur Ruh! Bist du's nicht müde,
Zu wandern immerfort die alten Pfade?
Und immer noch gereicht dir's zum Vergnügen,
Die Täler hier zu schauen?
Dein Leben gleicht dem Leben
Des Hirten auf den Auen.
Im ersten Frührotschimmer
Treibt er die Heerde übers Feld, betrachtet
Die Tiere, Kräuter, Quellen,
Und müde dann zur Ruh geht er am Abend:
Und Andres hofft er nimmer.

Sag an, o Mond, was frommet
Dem Hirten wohl sein Leben
Und dir das deinige? Wohin doch streben
Mag dieß mein kurzes Irren,
Wohin dein Lauf, der ew'ge, nimmermüde?

    Ein schwacher Greis, die Blößen
Nur halb bedeckt von ärmlichem Gewande,
Mit drückend-schwerem Bündel auf dem Rücken,
Kommt über Berg' und Täler,
Durch hohen Sand, Gestrüpp und Steingerölle:
Im Sturm, im Ungewitter und im Brande
Des Mittags und im Froste
Keucht er dahin, mühselig,
Setzt über Bäch' und Sümpfe,
Fällt und erhebt sich wieder, eilt nur mehr noch,
Eilt ohne Rast und Ruhe,
Zerfleischt und blutend, bis er endlich anlangt
Dort, wo der Weg sich wendet
Und mit dem Weg die schwere Mühsal endet.
Da nimmt ihn auf ein Abgrund –
Vergessenheit – erschreckend, unergründlich!
So, trauter Mond, geartet
Ist unser ird'sches Leben! –

    Geboren wird zu Leiden und zu Mühen
Der Mensch und Todgefahr ist schon die Stunde,
Die ihn gebiert. Es blühen
Als Erstes Schmerz und Tränen ihm, und trösten
Muß Mutter und Erzeuger
Darüber ihn, daß er geboren. Später,
Wenn er heranblüht, wachen
Sie ängstlich, ihn zu stützen, und sie streben
Mit Werken und mit Worten
Ihm immer Mut zu machen,
Und ihm das Unglück, da zu sein, zu lindern.
Und dieß ist aller Liebesdienste größter,
Die Eltern je erzeigen ihren Kindern.

Doch, ach, was frommt es, uns dem Licht zu geben,
Uns lebend zu erhalten,
Wenn wir des *Trosts* bedürfen für das Leben?
Und ist das Leben Unglück,
Wie kommts, daß wirs erdulden?
So, trauter Mond, geartet
Ist unser sterblich Dasein.
Doch du bist ja nicht sterblich,
Und wenig kümmert wohl dich meine Rede!

Und doch, du Pilger in des Himmels Öde,
Gedankenvoller, Ew'ger, du begreifst es
Vielleicht, dieß ird'sche Leben,
Weißt unsern Gram zu deuten, unser Leiden,
Verstehst den Tod, dieß äußerste Erbleichen
Des Menschenangesichtes,
Dieß Schwinden von der Erde, dieses Scheiden
Aus jedem trauten, liebenden Vereine.
Ja, dir vielleicht ist deutlich
Auch das Warum der Dinge, dir der Nutzen
Des Morgens und des Abends,
Des ew'gen Zeitenganges;
Du kennst, du kennst vielleicht des süßen Dranges
Geheimnis, das den Frühling bringt zum Lächeln,
Weißt, wem der Winter fromme, wem das Fächeln
Der Sommerluft, ja tausend Dinge weißt du,
Entdeckst du, Mond, erblickst du.
Die stets verborgen sind dem schlichten Hirten.

Oft, wenn ich so dich sehe,
Wie still du schwebst hoch über öden Planen,
Die fern begrenzt sind von dem Himmel – oder
Wenn sacht du deine Bahnen
Hinwallend mir und meiner trauten Heerde
Zu folgen scheinst, und ich dazu den Schimmer
Der Stern' am Himmel all betrachte, sinnend
Sprech' ich sodann: Was soll all dieß Geflimmer?
Was sollen sie, die schrankenlosen Weiten,

Dieß endlos tiefe Blau, die Einsamkeiten,
Die unermeßnen? und ich selbst, was bin ich?
So mit mir selber sprech' ich, und von dieser
Unendlichen Behausung,
Der prächt'gen, mit unzähligen Bewohnern,
Vom Streben und Bewegen
Der himmlischen so wie der ird'schen Dinge,
Die immerdar, von wo sie ausgegangen,
Zurückgewandt, sich drehn in ew'gem Ringe –
Nicht einzusehn vermag ich
Den Nutzen und Gewinn davon – du aber,
Jüngling, unsterblicher, du weißt wohl Alles!
Ich fühle, weiß nur Eines,
Daß dieß mein ew'ges Irren
Und mein gebrechlich Dasein
Mag unbekannten Mächten Freuden geben,
Mir selbst jedoch zur Qual nur ist das Leben.

O meine Heerde, die du ruhst, ich preise
Dich glücklich, daß erspart dir bleibt, zu kennen
Dein Elend. Ach, wie muß ich dich beneiden!
Nicht nur, weil frei du scheinest
Beinah von allen Leiden,
Mühsal, Verlust, die schlimmste
Beängstigung im Augenblick vergessend –
Mehr noch, weil nie der *Überdruß* dich quälet!
Wenn du im Gras, im Schatten dir erwählet
Den Schlummerort, da fühlst du dich zufrieden,
Und viele Zeit des Jahres
Hinlebst du so, wirst niemals überdrüssig
Des Seins, das dir beschieden!
Und ich auch ruhe hier im Gras, im Schatten,
Doch Überdruß befällt nur
Die Seele, wie mit Stacheln spornt michs immer,
Daß ich, ob ruhend auch auf weichsten Matten,
Nicht finde Ruh' und Frieden.
Und doch quält mich kein Sehnen,
Und Grund nicht hab' ich zu gerechten Tränen.

Was du, wie viel genießest,
Zu sagen weiß ichs nicht; doch glücklich bist du.
Doch ich genieße wenig:
Und dieß ist's nicht allein, was ich beklage.
Verständest du zu sprechen, würd' ich fragen:
Sag mir, warum in Ruhe,
In müßigem Behagen
Das Tier sich freut, *mich* aber
Befällt der Überdruß, sobald ich ruhe?

    Wär' ich beschwingt, zu fliegen
Hoch oben mit den Wolken,
Die Sterne zählend einen um den andern
Mit Donnerwolken über Hohn zu wandern –
O trauter Mond, wär' ich sodann beglückter?
Wär ich zufriedner dann, o traute Heerde?
Vielleicht hat, preisend fremdes Loos, die Lippe
Der Wahrheit Spur verloren.
Vielleicht, vielleicht ist immer,
In *jeglicher* Gestaltung, *jedem* Zustand,
Ob in der Wiege nun, ob an der Krippe,
Ein Unglückstag der Tag, der uns geboren.

XXIV. Ruhe nach dem Gewitter

    Vorüber ging das Wetter;
Die Vöglein hör' ich schmettern ihre Lieder,
Zurückkehrt in die Straße, wiederholend
Ihr Gackerlied, die Henne. Heiter wieder
Anbrichts dort westlich in den Bergen: helle
Ruhn wieder nun im Lichte
Die Fluren und des Stromes Pfad im Tale.
Es regt mit einem Male
Sich fröhlich Alles wieder,
Zurück zu seinem Tagwerk geht ein Jeder.
Der Handwerksmann, er seht, um einzuatmen
Des Äthers feuchte Frische,

Sich an des Hauses Tür, sein Werk in Händen,
Das Weiblein eilt, damit des Regengusses
Gewässer sie in den Behälter fasse,
Und der Gemüsehändler
Erneut mit heller Stimme
Den Ausruf, den gewohnten, in der Gasse.
Die Sonne kehrt zurücke, sieh, und lächelnd
Bestrahlt sie Höhn und Dächer. Die Bewohner
Der Häuser öffnen Fenster und Terrassen,
Und ferneher vernimmst du von den Straßen
Getön der Schellen; die Karossen rollen,
Die Reisenden, sie eilen, aufzunehmen
Die unterbrochne Fahrt.

　　Ja, alle Herzen
Erfreun sich. Wann verränne
So lieblich, so willkommen
Das Leben uns, wann täte
Sein Tagewerk der Mensch so eifrig, kehrte
So gern zum alten Tun zurück, begänne
So gern ein neues? Wann gedächt' er minder
Der Übel? Freuden, ach, sind stets nur Kinder
Des Schmerzes. O der eitlen Lust, entsprossen
Der Angst, durch die so eben
Vorm Tod gebebt, wenn früher
Zum Abscheu war das Leben,
Durch die so lang die Menschen
Blaß, schweigend, frostdurchschauert,
Bedeckt von Schweiße, zitterten im Dunkel,
Da furchtbar uns bedräute
Gebraus und Regenguß und Blitzgefunkel!

　　Wie bist du mildgeartet,
Natur! Sind dieß die Gaben,
Die Freuden, die du beutst? Dem Schmerz entrinnen,
Ist uns schon *Lust*. Die Leiden
Streust du mit voller Hand; es nahn die Schmerzen
Uns ungesucht, und jenes Körnchen Freude,

Das noch wie durch ein Wunder uns bisweilen
Hervorwächst aus dem Leide,
Schon gilts als herrlicher Gewinn. Wie teuer
Sind wir den Ewigen – beglückt hinlänglich,
Wenn uns vergönnt ist, einmal aufzuatmen
Vom Schmerz, und hochbegnadet,
Wenn uns von aller Qual der *Tod* entladet.

XXV. Sonnabend im Dorfe

Das Mägdlein lenkt bei Sonnenuntergange
Heimwärts vom Feld die Schritte
Mit seinem Bündel Gras; es trägt in Händen
Von Rosen und Violen
Ein Sträußchen, nach der Sitte,
Damit am Festtag morgen
Zu schmücken ihren Busen, ihre Locken.
Dort auf der Stiege sitzend mit dem Rocken
Im Kreis der Nachbarinnen, sieh, der Helle
Des Abendrotes zugewandt, die Greisin:
Und sie erzählt von ihren schönern Zeiten,
Als sie zum Festtag sich zu schmücken pflegte,
Und als noch flink und schnelle
Im Reigentanz die Glieder sie bewegte
Mit den Gespielen ihrer schönsten Tage!
Trüb wird die Luft, die reine,
Des Himmels Heitre dunkelblau, es kehren
Die Schatten von den Hügeln, von den Dächern
Herab zurück im weißen Neumondscheine!
Horch, Glockenlaute klingen,
Des Festes Nah'n verkündend;
O wie so frisch erquickend
Zum Ohr die Töne dringen!
Sieh, wie dort auf dem Marktplatz,
Dem kleinen, engumschränkten, sich in Schwärmen
Die Kinder tummeln, springen,
Vergnügend sich mit Lärmen.

Indessen kehrt zum Mahle heim, dem kargen,
Der Mann mit seinem Karste,
Und pfeifend denkt er seines Ruhetages!

Und dann, wenn jedes Lichtlein in der Runde
Verlöscht, in stiller Stunde,
Hörst du den Hammer klopfen, hörst die Sage
Des Schreiners, der beim Scheine
Der Lampe wachend in geschloßner Zelle
Sich sputet, zu vollenden
Sein Werk noch eh der Tag beginnt zu grauen.
Voll Hoffnung und voll Freuden
Ist dieser Tag, von allen sieben Tagen
Der lieblichste. Erneutes Mißbehagen
Bringt morgen schon die Stunde; jeder wendet
Sich schon zurück zur Mühsal in Gedanken!

O Knabe, fröhlich spielend!
Ein solcher Tag voll frohen Lustbestrebens
Ist dieß dein Blütenalter auch in Wahrheit,
Bestimmt in heitrer Klarheit
Vorauszugehn dem Feste deines Lebens!
Freu dich, mein Kind! ein Dasein, hochbeglückend,
Ist deines, eine Zeit voll froher Wonne.
Nichts Andres sag' ich. Deines Festes Sonne,
Ob spät, ob früh sie naht, sei nie dir drückend!

XXVI. Der herrschende Gedanke

O du, voll süßer Labe,
Beherrschend meiner Seele Tiefen, Gabe
Des Himmels – o Begleiter
Durchs Leben mir in Treue,
Gedanke, den ich stets in mir erneue –
Wer spricht von deines Wesens
Geheimnis nicht, wen hätt' es nicht durchdrungen
Mit Zaubermacht? doch immer,

So oft der Menschen Zungen
Aussprechen, was die Herzen heiß empfinden,
Klingt neu dem Ohre das, was sie verkünden.

Wie einsam ist geworden
Mein Herz seit jenen Tagen,
Als du darin den Wohnsitz aufgeschlagen!
Und blitzschnell sah ich schwinden das Geleite
Der anderen Gedanken
Rings um mich her. Vergleichbar einem Turme,
Der ragt auf öder Weite,
Stehst du gigantisch, einsam, ohne Wanken!

Ha, außer dir allein, was ist geworden
Das ganze ird'sche Leben
Und all sein eitles Tun vor meinem Blicke?
Wie ward mir unerträglich
Die Muße, der Verkehr, der sonst gewohnte,
Und jedes schale, leere Lustbestreben,
Vor jener Lust, unsäglich,
Der Himmelslust, die *du* nur mir gegeben!

Gleichwie von Felsenzinnen
Des Apennin, des rauhen,
Nach einer grünen Flur, die fernher lächelt,
Des Wandrers Blicke voller Sehnsucht schauen,
So wend' ich mich vom lauen,
Vom öden Weltverkehr beglückt aufs neue
Wie in ein Blumental zu dir zurücke,
Und labe mein Gemüt an deinem Glücke.

Unglaublich will michs dünken,
Wie ich die Qual, den Unverstand des Lebens,
Schon seit so langen Tagen
Könnt' ohne dich ertragen;
Und nicht zu fassen weiß ichs,
Wie je die Sehnsucht kann ein Herz erreichen
Nach irgend Etwas, das nicht deines Gleichen!

Niemals, bevor Erfahrung
Mich lehrte, was in Wahrheit sei dies Leben,
War ich der Todesfurcht ein Überwinder!
Und heut bedünkt ein *Spiel* mich,
Was blöde Menschenkinder
Nur *zitternd* nennen, selber wenn sie's *preisen*:
Die *letzte Not*. Und weisen
Gefahren sich mir dräuend – ohne Grauen,
Mit Lächeln kann ich in ihr Antlitz schauen!

Unedle Seelen, feige,
Verworfne, stets verachtet
Mir waren sie. Nun aber wird zum Sporne
Mir Alles, was unwürdig,
Und jeglich Beispiel schnöder
Erbärmlichkeit regt mir das Herz zum Zorne!
Ha, über dieses Alter,
Das, eitel, leeren Wahnes Freund und leeren
Geschwätzes, nicht das Edle hält in Ehren,
Und weiht sein ganzes Streben
Dem *Nützlichen*, nicht merkend,
Daß *nutzlos wird dabei das ganze Leben* –
Bin ich erhaben. Nimmer
Gilt Menschenurteil mir; aufs Haupt des Pöbels,
Das alles Edlen spottet mit Gelächter,
Setz' ich den Fuß, dein würdiger Verächter.

Welch andrer Drang, Gedanke,
Muß nicht vor dir verschwinden?
Ja, ist im Menschenherzen
In Wahrheit außer dir ein Drang zu finden?
Stolz, Habsucht, Haß, Begierden
Nach Macht und Ruhmeszierden,
Sind Andres sie als Launen,
Verglichen ihm? *Ein* einz'ger Drang nur waltet
In uns: ihm wards verliehen
Von ewigen Gewalten,
Im Menschenherzen unbeschränkt zu schalten.

Nicht Wert besitzt, nicht Grund das Menschenleben,
Wenn nicht durch ihn. Nur er vermag zu mindern
Des Schicksals Schuld, des harten,
Das fruchtlos hier auf Erden
So viel zu dulden gibt uns Menschenkindern,
Und nur durch ihn zuweilen
Kann edlen Seelen auch, nicht bloß gemeinen,
Das Leben süßer als der Tod erscheinen!

Um deine Wonnen, lieblicher Gedanke,
Wohl lohnt sichs, lange Zeiten
Des Daseins Bitterkeiten
Zu tragen, und noch einmal nach dem Tode
Kehrt' ich zurück ins Leben,
Wo alles Leides Fülle mich durchschauert,
Um neu den Lauf nach solchem Ziel zu wagen:
Denn nie in bösen Tagen
Auf rauher Wanderung durch sand'ge Wüsten,
Von Vipern rings umlauert,
Geschah's, daß nicht im Anblick solchen Gutes,
Mein Sinn auflebte neu, voll frohen Mutes.

Ha, welche Welt, welch neue
Unendlichkeit, welch Paradies ist jenes,
Wohin so oft dein wunderbarer Zauber
Vermag mich zu erheben!
Wo unter anderm Licht als dem gewohnten
Hinwandelnd ich vergesse
Was wirklich ist und all mein irdsches Leben.

So, glaub' ich, sind die Träume
Der Himmlischen. Ach, endlich bist ein Traumbild
Du, lieblicher Gedanke, der, was währet
Auf Erden, hold verkläret,
Ja, nur ein Traum und offner Wahn, – doch wahrlich,
Ein *holder* Wahn, und göttlich
Bist du, der du dich stellst entgegen immer
Der Wirklichkeit, so stark und so beharrlich,

Oft auch ihr gleich erscheinest,
Und, eh der Tod sich naht, entschwindest nimmer!

Und du gewiß, o mein Gedanke, du nur
Gibst Leben meinem Leben;
Ein süßer Quell von unermeßnen Leiden,
Wirst du vergehn erst in der Todesstunde
Mit mir: ich fühl' es tief im Herzensgrunde,
Daß du zum Herrn für immer mir gegeben.
Manch andre holde Täuschung,
Schaut' ich mit scharfen Blicken,
Zerrann mir allgemach. Doch ach, je öfter
Ich mag das Aug' erheben
Zu ihr, von der mit dir ich sprechend lebe,
Wächst jenes Glutentzücken,
Wächst jene Raserei, die mich erfüllet!

O Schönheit, engelgleiche,
Wenn meinem Aug' ein Schönstes sich entüllet,
Nachahmung *deiner* Schöne
Bedünkt es mich – du bist allein des Schönen
Urquell, der ewig reine.
Und echter Liebreiz ist doch nur der deine!

Seit ich zuerst dich schaute,
Warst du nicht erstes, letztes Ziel für jede
Von meinen ernsten Sorgen? Welche Stunde
Des Tags verrinnt, wo ich nicht dein gedenke?
Wann hat in meinen Träumen
Gefehlt dein Bild? Schön wie ein Traum, o Antlitz,
Voll engelgleicher Milde,
Ob ich durch Erdgefilde,
Ob durch das Weltall selbst den Flug mag lenken,
Könnt' ich in andres Sehnen mich versenken.
In andres Hoffen je, als dich zu schauen?
In andre Süßigkeit, als dein zu denken?

XXVII. Liebe und Tod

Das Licht erblickten einst zur selben Stunde,
Als Brüder, Tod und Liebe.
So Holdes blüht im irdischen Getriebe
Nicht mehr wie diese, noch auf andern Sternen.
Denn von der Einen stammen
Die lieblichsten der Freuden,
Erquickend auf des Lebens Meer die Herzen,
Der Andre tilgt die Schmerzen,
Die Hebel allzusammen.
Als Kind, von Reiz umstrahlet,
Und anzusehn erfreulich,
Nicht so wie sich das feige Volk ihn malet,
Begleitet er zuweilen
Den kleinen, zarten Liebesgott getreulich.
Da sieht man sie gesellt die Welt durcheilen,
Zum Trost für weiser Herzen einsam Schmachten.
Und weiser wird niemals ein Herz erscheinen,
Als das des Liebenden, noch mutbeseelter,
Das Leben zu verachten;
Und nie so gern ertragen wir Gefahren
Für andern Herrn, als für die Herrin Liebe.
Die deine Hilf' erbaten,
O Liebe, sehn erwacht zu höherm Triebe
Den Mut, und klug in Taten,
Nicht in Gedanken bloß, wie sonst sie pflegen,
Sind dann die Menschenkinder allerwegen.

Erwachen, die da schliefen,
Die Regungen der Liebe,
Aufs neue wieder in des Herzens Tiefe,
Da meldet seltsam sich zugleich mit ihnen
Ein lebensmüdes Sehnen nach dem Tode:
Nicht weiß ich, wie? Doch Allen so erschienen
Ist dieß als echten Liebens erste Wirkung.
Vielleicht erschreckt das Auge

Sodann die Öde dieser Weltumzirkung;
Vielleicht ist schal die Erde dann den Blicken
Des Menschen, ohne jenes
Unendliche und Neue,
Das einzig ihn vermöchte zu beglücken!
Und großen Lebenssturm um seinetwillen
Sieht er voraus, und trachtet
Nach Ruh', strebt in den Hafen sich, den stillen,
Zu flüchten vor dem wütenden Verlangen,
Das ihn gewittergleich erfüllt mit Bangen.

    Und dann, wenn überwunden
Ihn ganz die Macht, die hehre,
Und in der Brust ihm tobt zu allen Stunden
Das Leid – o wie viel Male
Ruft dann sein Herz, das schwere,
Herbei den Tod, zum Trost für seinen Kummer!
Wie oft des Abends und wie oft im Strahle
Des Morgens, stets noch unerquickt vom Schlummer,
Nennt er beglückt sich, wenn's vergönnt ihm wäre,
Nie wieder zu erheben
Vom Lager sich, nie mehr das Licht zu schauen!
Und oftmals bei dem Klang der Todtenglocke,
Beim Liede, das geleitet
Den Menschen hin zu des Vergessens Auen,
Da hört man ihn mit Seufzern
Den Glücklichen beneiden,
Den so er sieht von dieser Erde scheiden.
Sogar das Volk, das roh und unbelehret,
Der Landmann, unerfahren
Der Tugenden, die Bildung nur bescheeret.
Das Mägdlein auch, dem sonst der Mut zu schwinden
Beginnt beim bloßen Namen
Des Todes, mit emporgestrebten Haaren:
Es wagt, aufs Grab und auf des Todes Binden
Den Blick zu richten, fest und standhaft – Eisen
Und Gift erwägt es ruhig
Gefaßt nun lange Stunden,

Und klar wird ihm die Schöne
Des edlen Tods im Geiste, dem unweisen.
So sehr erzieht zum Tod die Menschensöhne
Der Liebe Zucht. Und oft, wenn schier unsäglich
Herangewachsen ist die Qual im Herzen,
Daß ird'scher Kraft sie nimmer däucht erträglich,
Dann weicht dem Stoß der Schmerzen
Der schwache Leib, und obsiegt solcherweise
Die brüderliche Macht des Todes – oder
So stark ist im Gemüt der Sporn, der leise,
Des tiefen Liebesdranges, daß gewaltsam,
Mit ihren eignen Händen
Der rohe Landmann und das schwache Mägdlein
Ihr ird'sches Loos vollenden unaufhaltsam.
Die Welt bespöttelt solches Loos – sei Frieden
Und hohes Alter *ihr* doch stets beschieden!

Den heißen, den beglückten,
Den mutbeseelten Geistern
Gewähr' das Schicksal einen von euch beiden
Willkommnen Herrn und Meistern
Und Freunden dieser Menschheit,
Die nichts im All an Macht je kann erreichen,
Als das *Verhängnis*. Du, den vom Beginne
Des Lebens an ich rufe stets und ehre,
Mit wandellosem Sinne,
Du holder Tod, der einzig
Mitleidig auf dieß Dasein blickt, das schwere,
Wenn je du dich gepriesen
Von mir empfandst, wenn, Göttlicher, dich jemals
Ich zu entschäd'gen strebte
Für Undank, den dir schnödes Volk erwiesen,
O säume nicht mehr, komm mit raschen Schritten,
Und schließe diesem Lichte,
Nun endlich weichend längst entwöhnten Bitten,
Mein düstres Aug', o Herrscher dieses Lebens!
Wann immer ich nicht stehe mehr vergebens
Und du zu mir herniedersenkst die Schwingen,

Gewappnet, hoch die Stirne,
Wirst du mich finden, mutvoll stets begegnend
Dem Schicksal, nie die Hand, die sich in meinem
Unschuld'gen Blute färbt und mich getroffen
Mit Geißelschlägen, rühmend oder segnend,
Wie Sklavensinn der Menschen pflegt seit lange;
Abschüttelnd jedes Hoffen,
Womit die Welt, die bange,
Sich kindisch tröstet, jede
Beschwichtigung, vom Schicksal nichts erwartend
Als dich, und heiter stets entgegensehend
Dem Tag, wo nach erfülltem Lebensloose
Mein Haupt zur Ruh sich legt in deinem Schooße.

XXVIII. Auf sich selbst

Nun wirst du ruhn für immer,
Du müdes Herz. Hin ist der Wahn, der letzte,
Den ewig ich geglaubt. Er ist zerronnen.
Es schwand für holden Trug mir
Der Wunsch sogar, nicht bloß die Hoffnung. Ruhe
Nun aus für immer! Lange
Genug hast du gepocht. Nichts lebt, das würdig
Wär' deiner Regungen, und keinen Seufzer
Verdient die Erde. Bittre Langeweile
Ist unser Sein, und Kot die Welt – nichts Andres.
Beruh'ge dich. Laß diese
Verzweiflung sein die letzte. Kein Geschenk hat
Für uns das Schicksal als den Tod. Verachte
Dich, die Natur, die dunkle
Gewalt, die schnöd uns quält, im Dunkel herrschend,
Die grenzenlose Nichtigkeit des Ganzen.

XXIX. Aspasia

Zurück vor meine Seele kehrt zuweilen
Dein Angesicht, Aspasia. Bald flüchtig
Strahlt mir's entgegen, wo die Menschen weilen,
In fremden Zügen, bald auf stillen Feldern,
Am heitern Tag wie bei der Sterne Schweigen,
Wie aufgeweckt von sanften Harmonie'n,
Ersteht mir in der Seele so lebendig,
Daß ich erschrecke, dieses Zauberbild.
Wie angebetet war sie mir, ihr Götter!
Mein Glück, mein Fluch zugleich! Und nie empfind' ich,
Wie Düfte lieblich wehn von Wiesenblumen
Und Blüten an den Wegen um die Stadt,
Daß nicht noch einmal so du mir erscheinst.
Wie an dem Tage, wo im holdgeschmückten
Gemach, durchhaucht von Frühlingsblumenpracht,
In lieblich Braun gekleidet, sich dein Bild,
Das engelschöne, mir gezeigt, gelehnt
Auf schimmernd lichte Vließe, hold vom Hauch
Geheimer Luft umströmt; und wie als kluge
Erzieherin auf die gekrümmten Lippen
Der Kinder du dann Küsse drücktest, warm
Und schallend; wie den Hals, den blendendweißen,
Du lieblich strecktest, und die Ahnungslosen
Mit deiner Hand, der reizvoll zarten, drücktest
An den verborgnen, stillersehnten Busen.
Ein neuer Himmel, eine neue Erde,
Erschien mir da, ein Götterstrahl von oben:
Und mir ins Herz, das doch nicht wehrlos war,
Mit ganzer Kraft einsenktest du den Pfeil,
Den ich wehklagend trug dann in der Brust,
Bis sich zum zweiten Mal zurückgewandt
Zu jenem Tag des Jahrs der Sonnenlauf.
Ja, wie ein Strahl des Himmels, hohes Weib,
Erschien mir deine Schönheit. Gleiches wirken
Die Schönheit und die Klänge der Musik,

Daß ungeahnter Paradiese hohes
Geheimnis sie erschließen. Kosend hegt
Der Mensch, der vielgequälte, dann das Kind
Der eignen Seele, jenen liebenden
Gedanken, der den Himmel in sich schließt,
An Miene, Haltung, Rede gleichend ganz
Dem Weibe, das entzückt und lustverwirrt
Der Liebende zu kosen meint, zu lieben.
Doch ists nicht *diese*, jener ists, den er,
Selbst in der Leiber Glutumarmung, liebt.
Und sieht er dann den Irrtum, sieht den Tausch
Der Gegenstände seiner Liebe, zürnt er,
Und klagt das Weib oft an mit Unrecht. Selten
Erhebt das Weib zum hohen Bild sich, das
Von ihr sich macht der edle Liebende,
Und was ihm einflößt ihre eigne Schönheit,
Das weiß sie nicht, begreift sie nicht. Es faßt
Des Weibes enge Stirn nicht den Gedanken;
Und töricht hofft beim Leuchten ihrer Blicke
Der holdgetäuschte Mann, und fordert tiefes
Empfinden, fremdes, mehr als männliches,
Von ihr, die doch in Allem von Natur
Steht unter ihm. Wenn zarter ihre Glieder
Und weicher sind, gab ihr den Geist auch minder
Umfassend die Natur und minder stark.

    Nie konntest du bis jetzt das, was du selbst
Mir eingeflößt für eine Zeit, dir denken,
Aspasia! Nicht weißt du, welche Liebe,
Maßlos, welch tiefes Leid, und welche Unruh,
Unsäglich groß, und welchen Wahnwitz du
In mir erregt, und nimmer kommt die Zeit,
Wo du's erfährst. So weiß auch nicht der Meister
Der Töne, was er wirkt, mit seines Fingers,
Mit seiner Stimme Kunst im Hörer. Todt
Ist nun, die ich so heiß geliebt, – todt jene
Aspasia. Dahingesunken ist sie
Für immer, die mein ganzes Leben war!

Nur manchmal, wie ein teures Schattenbild,
Nahst du gemach und schwindest wieder. Ach,
Du selbst, Aspasia, du *lebst*, noch schön,
So schön noch, daß sich Keine dir vergleicht:
Doch jene Glut, die du entfacht, erlosch!
Denn *dich* nicht lieb' ich ja, nur jene Göttin,
Die einst *gelebt* in meiner Brust und nun
Bestattet ist darin. Anbetung weiht' ich
Ihr lange Zeit, und so bestrickte mich
Ihr Reiz, daß, kannt' ich auch von Anbeginn
Dein Wesen, deine Künste, deinen Trug,
Ich *ihre* Augen in den deinen sah,
Und sehnend folgte *dir*, so lang *sie* lebte,
Nicht unbewußt getäuscht, nein, von dem Reiz
So holder Ähnlichkeit gespornt, zu tragen
Das Joch von langer harter Sklaverei!

Nun rühme dich, wenn du's vermagst. Erzähle,
Daß du des Frau'ngeschlechtes Einz'ge bist,
Der ich gebeugt das stolze Haupt, und der
Ich weihte dieses unbezwungne Herz.
Erzähle, daß die Erste du, die Letzte,
Sahst flehentlich gesenkt mein Augenlid,
Mich vor dir sähest, schüchtern, zitternd (ha!
Von Zorn und Scham erglüh' ich, denk' ich dran!)
Nicht mächtig meiner selbst, nur jede Regung
Und jedes Wort und jeden Wunsch demütig
An dir erspähend, und vor deinem stolzen
Verschmähn erblassend, und dann wieder strahlend,
Wenn du mir freundlich; Farb' und Miene wechselnd
Bei jedem deiner Blicke. Doch gebrochen
Ist nun der Zauber, und gebrochen ist
Mit ihm das Joch, zu Boden hingeschleudert.
Und dessen freut mein Herz sich. Sind sie auch
Zum Überdruß mir, nach so langem Dienst,
So langem Wahn, willkommen heiß' ich wieder
Vernunft und Freiheit. Mag das Menschenleben,
Von Leidenschaft und holdem Wahne frei,

Nur eine Winternacht sein ohne Sterne –
Zum Trost, zur Rache meines ird'schen Looses
Genügt es mir, daß ich, ins weiche Gras
Mich streckend hier und unbeweglich ruhend,
Betrachte Himmel, Erd' und Meer und lächle!

XXX. Auf das Basrelief eines antiken

Grabdenkmals

welches eine Jungfrau vorstellt, die in der Gestalt einer Scheidenden von den Ihrigen Abschied nimmt

Wo gehst du hin? wer ruft dich
Hinweg von deinen Lieben,
Du reizendholdes Mädchen?
So früh willst einsam wandernd du verlassen
Das Vaterhaus? wirst nie zurück die Schritte
Du lenken, neue Freude zu bescheeren
Den Lieben, die sich jetzt in Gram verzehren?

Mit trocknem Aug' und mutiger Geberde,
Dastehst du sinnend still. Ob zum Vergnügen
Der Weg dir, ob zum Leid, ob hold die Stätte,
Wohin du wallst, ob schaurig,
Errät sich schwer aus diesen ernsten Zügen.
Ach, weiß ich selbst doch nimmer,
Und Keiner lebt vielleicht, der ganz im Geiste
Begriffen, ob verhaßt, ob lieb dem Himmel,
Ob elend, ob gesegnet
Zu nennen der, dem solches Loos begegnet.

Der *Tod* ists, der dich ruft. Im Lebensmorgen
Naht schon der letzte deiner Augenblicke.
Woher du kommst, nie kehrst du mehr. Verborgen
Bleibst fortan du dem Auge deiner trauten
Erzeuger. Und der Wohnsitz,

Wohin du gehst, er ist im nachtumgrauten
Abgrund der Gruft, – da weilst du nun für immer.
Glücklich bist du vielleicht – wir sollten's meinen –
Wie kommts, daß doch, wer dein gedenkt, muß weinen?

    Niemals das Licht zu schauen,
War besser wohl. Doch nun einmal geboren,
Zur Zeit, wo Schönheitszauber in den Gliedern
Erblüht und im Gesichte,
Vor welchem schon von ferne
Die Welt sich gern will huldigend erniedern,
In jeder Hoffnung holdem Frühlingslichte,
Bevor der heitern Stirne noch entgegen
Die *Wirklichkeit* die grellen Blitze schleudert,
Zerrinnen müssen, wie am Horizonte
Goldwölkchen, hellbesonnte,
Spurlos, wie nie gewesen, –
Eintauschen düstres Schweigen
Des Grabes für die Zukunft –
Kann solches Schicksal auch als Glück sich zeigen
Der Einsicht – mit dem Bangen
Des Mitleids wird es doch das Herz befangen.

    O Mutter du, gefürchtet, Tränen weckend,
Vom Augenblicke der Geburt des Menschen,
Natur, unrühmlich-seltsame, gebärend
Und nährend, um – zu tödten,
Wenn Unglück ist frühzeitiges Vergehen
Dem armen Sterblichen, was müssen täglich
Verhängt wirs über edle Häupter sehen?
Und ists ein Glück, o sage,
Warum so trostlos kläglich
Ist dem, der hingeht, dem auch, der zurückbleibt,
So über alles Leiden
Im Leben, solches Scheiden?

    Elend wohin du blickest,
Elend im Anbeginn, elend im Ausgang,

Ist dieß Geschlecht, das schwache!
Du fügtest, daß betrogen
Vom Leben sei das Hoffen
Der Jugend selber, daß voll Leids die Wogen
Der Jahre fließen, und kein Ausweg offen
Aus aller Drangsal, als der Tod – beschieden
Als ewige Bestimmung,
Als unausweichlich Lebensziel hiernieden.
Warum nicht nach so vielen
Und mühevollen Wegen
Doch mindestens ein heitres Ziel uns weisen,
Vielmehr ihn, den vor Augen stets im Leben
Wir haben, der im Grame
Noch bleibt als einz'ger Tröster uns zu preisen,
In schwarze Schleier hüllen,
Mit düstrem Graun umgeben,
Und schrecklicher das Schweigen
Des Hafens als das wilde Meer uns zeigen?

Wenn Unglück schon dieß Sterben,
Das du bestimmst uns Allen,
Die schuldlos du, unwissend, dem Verderben
Des Lebens läßt verfallen,
So ist gewiß wer stirbt noch zu beneiden,
Für Jenen, welcher scheiden
Sieht seine Lieben. Und wenn auch das *Leben*,
Wie ich doch muß erachten,
Nur Unglück ist, und Gnade
Der Tod, wer könnte dennoch jemals trachten,
Was er doch wahrlich sollte,
Zu sehn die letzte Stunde seiner Teuern,
Da er, gleichwie verstümmelt,
Verkürzt am eignen Leibe, muß erblicken
Entführet über seines Hauses Schwelle
Was er geliebt, mit dem er lange Jahre
Verlebt, Fahrwohl ihm sagen ohne Hoffnung,
Daß einmal noch entgegen
Auf dieses Lebens Wegen

Sein Bild ihm trete lebend – dann verlassen
Zu jeder Stund, an allen trauten Orten
Rings um sich schaun, gedenken des Entschwundnen.
Wie mag es doch, Natur, dein Herz ertragen,
Zu reißen aus den Armen
Des Freunds den Freund, des Bruders
Den Bruder, des Erzeugers
Das Kind, des liebevoll Verbundnen
Den Liebenden? Und nach des Einen Tode
Den Andern zu erhalten ohn' Erbarmen?
Ists nicht das Schwerste, liebend überleben
Einander? Doch was klagen wir? Um Andres,
Um Größres hat sich die Natur zu kümmern,
Als darum, ob wir jauchzen oder wimmern.

XXXI. Auf das Bild eines schönen Weibes,

das auf dem Grabmale desselben ausgemeißelt war

So warst du: jetzt hier unten
Bist Staub und Asche du! – Und überm Staube
Ragt stumm und unbeweglich, in den Wandel
Der Zeiten blickend, dem es nicht zum Raube,
Des Angedenkens Hüter und des Grames,
Der einst'gen Schöne Bild. Der Blick, der milde,
Der zittern machte Jeden,
Auf den er unverwandt, wie hier im Bilde,
Sich richtete, und dieser Mund, von welchem
Gleichwie von voller Urne überwogte
Die Freude; jener Hals, von Sehnsuchthauchen
Umschwebt, und jene Hand, die liebeswarme,
Die kalt von süßem Schauer
Oft werden fühlte jene, die sie drückte:
Und ach, der Busen, welcher
Bleich machte manch Gesicht vor Sehnsuchtstrauer –
Sie *waren!* Jetzo sind sie Staub geworden

Und Todtenbein: es birgt die Marmorklause
Dem Aug die Schau, die widerwärt'ge, grause.

   So wandelt die Erscheinung,
Die uns am herrlichsten als Himmelsabbild
Gestrahlt, das Schicksal. Ewiges Geheimnis
Des Daseins! Heute sehn als Quell wir prunken
Erhabenster Gedanken und Gefühle
Die Schönheit: wonnetrunken
Begrüßen wir den Strahl vom ew'gen Leben,
Hiehergeschleudert auf den ird'schen Schauplatz,
Ein Zeichen und ein Hoffnungspfand zu geben
Dem ird'sch-niedern Dasein,
Von Loosen, übermenschlich,
Von sel'gen Reichen und von goldnen Welten:
Und morgen schon genügt ein leichter Anstoß,
Daß uns verstümmelt, widrig
Erscheint, was noch vor kurzem
Uns war ein Bild aus himmlischem Gefilde,
Und aus den Seelen schwindet
Das Ideal, das hehre,
Zugleich, in uns geweckt von jenem Bilde.

   Ach, unermeßlich Sehnen
Und hohe Traumgesichte
Erzeugen in der Seele
Durch angeborne Macht die Harmonien,
Daß durch ein Meer von Wonne
Dahin die Geister ziehen,
Wie kühne Schwimmer gleiten,
Sich wiegend auf der blauen Flut ergötzlich:
Doch trifft uns *disharmonisch*
Ein Klang das Ohr, da schwindet
Ins Nichts zurück uns jenes Eden plötzlich.

   Wie kommt es doch, wie kommt es,
Daß, wenn nur schwach und niedrig,
Nur Schatten, Staub, die menschliche Natur ist,

So hoch, so hehr sie *fühlt*? Und wie, wie kommt es,
Wenn *höhern* Adels Spur ist
In ihr, daß all ihr bestes Denken, Fühlen
Zu wecken und zu tilgen mag gelingen
So niedrig-ird'schen Dingen?

XXXII. Palinodie an den Marchese Gino Capponi

Ich irrte, trauter Gino; lange Zeit
Und gar gewaltig irrt' ich. Elend, eitel,
Nannt' ich dieß Leben; töricht, schnöd vor Allem
Die Gegenwart. Doch unerträglich däuchte
Was ich gesprochen diesem vielbeglückten
Geschlecht der Sterblichen, wenn sterblich man
Sie nennen kann und darf. Verwundert halb,
Und halb erzürnt vom duft'gen Eden her,
Darin es wohnt, belächelte das hohe
Geschlecht mich, sagte mir, ich sei verkümmert,
Unglücklich, Lebensfreude zu genießen
Unfähig oder unerfahren, hielte
Mein Loos für allgemein und alle Welt
Für meines eignen Leids Genossen. Siehe,
Da ging zuletzt auch mir durch Wolken duft'ger
Cigarren, und beim Krachen leckerer
Pastetchen, und beim Ruf aus Kriegerkehlen
Nach Tränken und Sorbet, und beim Geklapper
Der Tassen und geschwungnen Löffel, strahlend
Das Licht, das täglich sich erneuernde,
Der Tagesblätter auf. Und nun erkannt ich
Die allgemeine Lust, die Süßigkeiten
Des sterblichen Geschicks. Ich sah den Wert,
Die Herrlichkeit von allen ird'schen Dingen,
Sah blumenüberstreut die Lebensbahnen
Der Menschen, sah wie Alles holdanmutend
Hiernieden ist und dauernd. Auch erkannt' ich
Das staunenswerte Streben und die Werke,
Die Tugenden, die Einsicht und das Wissen,

Das hohe, des Jahrhunderts. Von Marocco
Bis Cataï, vom Nordpol bis zum Nil,
Von Boston bis nach Goa, sah ich laufen
Wie um die Wette keuchend auf den Spuren
Des Glücks die Länder und die Ländchen, sah,
Wie sie's am Flatterhaar schon faßten, oder
Doch an des Mantels Zipfel. Solches schauend,
Und tiefnachdenklich über jene Blätter
Gebeugt, begann ich meines alten, schweren
Irrtums und meiner selber mich zu schämen.

Ein goldnes Alter spinnen endlich, Gino,
Der Parzen Spindeln uns. Die Tagespresse,
In Zungen und in Zeilen buntgemischt,
Verspricht es uns aus allen Landen her
Einstimmig und in Eintracht. Bruderliebe
Der Völker, Eisenbahnen, des Verkehrs
Erleichtrung, Dampfkraft, Cholera – sie werden
Ein Band auch um die fernsten Länder schlingen:
Und Niemand wird es Wundern, wenn die Fichte,
Die Eiche trieft von Milch und Honig, oder
Wenn etwa gar beim Klange der Musik
Zu tanzen sie beginnt. So sehr ja wuchs
Die Zauberkraft der Kolben und Retorten
Und der Maschinen, die mit Himmelsmächten
Wetteifern; und noch immer weiter, weiter
Wird sie gedeihn: vom Guten strebt zum Bessern
Endlos in raschem Fluge fort und fort,
Was stammt vom Blute Sems und Chams und Japhets.

Doch freilich, Eicheln werden wir nicht essen,
Wenn uns nicht Hunger zwingt, und nicht ablegen
Das harte Eisen. Und so manches Mal
Verzichten werden wir auf Gold und Silber,
Mit Wechselscheinen uns zufrieden gebend.
Nicht immer schonen werden wir der Brüder,
Wir Edelmütigen; noch jezuweilen
Wird Blut und Mord Europas Strand besudeln,

Und auch jenseits des Meers den andern Strand
Im Westen, der als frische Amme gilt
Der reinen menschlichen Gesittung – wenn
Zum Kampfe treibt uns brüderliche Schaaren
Ein Streit um Zimmt, um Pfeffer, oder and'res
Gewürz, um süßes Rohr auch, oder sonst
Um einen ähnlichen, verhängnisvollen
Beweggrund, der Bezug hat auf das *Gold*.
Tugend und wahrer Wert, Bescheidenheit
Und Liebe zur Gerechtigkeit, sie werden
In jedem Staate fremd und ferne bleiben
Dem öffentlichen Leben, werden immer
Unglücklich sein, bedrängt und unterdrückt,
Denn ihnen ists beschieden, alle Zeit
Zu stehn im Hintergründe. Trug und Keckheit,
Mit Mittelmäßigkeit im Bunde, werden herrschen
Und oben schwimmen immer, Herrschaft, Macht,
Vereinigt oder einzeln, wird mißbrauchen
Wer eben sie besitzt und unter jedem
Belieb'gen Namen. Diese Satzung gruben
Natur und Schicksal in demantne Tafeln,
Und Volta nicht noch Davy wird mit Blitzen
Sie tilgen, nicht Britannien mit seinen
Maschinen allen, noch mit einem Ganges
Politischer Schriftwerke dieß Jahrhundert.
Stets wird betrübt der Edle sein, und heiter
Der Schuft und der Gemeine: stets entgegen
Den hohen Seelen wird die Welt bewaffnet
Sich stellen, stets wird wahrer Ehre folgen
Verleumdung, Haß und Neid. Des Starken Beute
Wird stets der Schwache sein, des Reichen Sklave
Wird stets der Nüchterne, der Bettler sein,
Und bleiben wird ers unter jeder Form
Des Staates und in jeglicher Entfernung
Vom Pol und vom Äquator, immerdar,
So lang uns Menschensöhnen dieser Wohnplatz
Noch wird gelassen, und dieß Tageslicht! –

Einprägen muß sich diese Überreste
Und diese Zeichen der vergangnen Alter
Die goldne Zeit, die jetzo will beginnen:
Denn tausendfält'gen Widerstreit in sich
Trägt von Natur die menschliche Gesellschaft,
Und diese Widersprüche zu versöhnen
Vermochte nie die Einsicht, noch die Kraft
Der Menschen, seit dem Tage, wo entstanden
Dieß rühmliche Geschlecht, noch wird es je,
Wie klug es sei und einflußreich, vermögen
Ein Tagblatt oder Bündnis. Doch in Dingen,
Die wicht'ger noch, wird unerhörte, volle
Glückseligkeit erblühn den Menschen. Weicher
Von Tag zu Tag wird unsre Kleidung werden,
Von Wollstoff oder Seide. Abtun werden
Ihr grob Gewebe Handwerksmann und Landmann,
Baumwolle wird umschließen ihre Glieder,
Die rauhen, und den Rücken Biberfelle.
Von beßrer Arbeit werden, zierlicher
Zu schauen ohne Zweifel sein Tapeten,
Vorhänge, Stühle, Kanapes und Tische,
Fußschemel, Betten, sonst'ger Hausrat, schmückend
Mit stets erneutem Prunke die Gemächer:
Auch manche neue Form von Kesseln, Töpfen,
Wird zu bewundern sein am Küchenfeuer.
So reißend von Paris bis nach Calais,
Von da nach London und nach Liverpool,
Wird sein der Weg, vielmehr der Flug, daß kaum
Es jetzo denkt die Phantasie, und unter
Der Themse weitem Bett wird eine Bahn
Sich öffnen, ein so kühn, unsterblich Werk,
Daß längst es sollte schon vollendet werden!
Beleuchtet besser werden sein, wenn auch
Nicht eben sicherer, zu nächt'ger Zeit
Die Gassen alle, selbst die kleineren
In größern Städten, und zuweilen auch
Die größeren in kleinern Städten. – Sieh!

So schöne Dinge, so beglücktes Loos
Bestimmt ist Jenen, die da kommen werden!

O glücklich, die, indeß ich solches schreibe,
Als kleine Schreier erst in ihren Armen
Empfängt die Amme! denen es vergönnt ist,
Zu schaun dereinst die vielersehnten Tage,
Wo es durch lange Forschung ist ermittelt,
Und mit der Muttermilch es einsaugt Jeder,
Wie viele Pfunde Salz, und wie viel Fleisch,
Und wie viel Malter Mehl in jedem Monat
Verzehrt das Vaterstädtlein, und wie viele
Geburten und wie viele Todesfälle
Verzeichnet Jahr um Jahr der alte Pfarrer;
Und wo, millionenfach in der Sekunde
Gedruckt, die Ebnen und die Hügel alle,
Und auch vielleicht des Meers endlose Strecken,
Gleich einem luft'gen Kranichzug, der plötzlich
Das Licht des Tages raubt den weiten Fluren,
Die *Zeitungen* bedecken, Seel' und Leben
Der Welt, und einz'ger Quell des Wissens
Für dieses Alter und für jedes künft'ge! –

Gleichwie ein Kind voll nimmermüden Eifers,
Mit Blättchen und mit Spänchen, in Gestalt
Von Tempel oder Palast oder Turm
Erhöht ein Bauwerk, und sobald's vollendet,
Nicht lange säumt, es wieder umzustürzen,
Weil eben diese Blättchen ihm und Spänchen
Sind unentbehrlich für ein neues Werk:
So sieht Natur auch kaum ihr Werk vollendet,
Ob kunstvoll auch und staunenswert dem Anblick,
Als sie's schon wieder zu vernichten sinnt,
Verwendend anders die gelös'ten Teile.
Vergebens strebt zu wahren sich und Andre
Vor so grausamem Spiel, deß Ursach ewig
Verborgen bleibt, der Mensch, in tausend Arten
Bewährend seine Kräfte, seine Künste,

Mit kluger Hand: denn jeder Mühe trotzend,
Vollzieht Natur, die harte, wie ein Kind
Voll unlenksamen Sinnes, ihre Launen,
Und Schaffen und Zerstören ohne Rast
Ist stets ihr Zeitvertreib. Und so geschiehts,
Daß ein unendlicher, ein bunter Troß
Von Peinen und von Übeln, unheilbar,
Bedrückt den schwachen Menschen, der geboren
Zum Untergang unrettbar ist: so kommts,
Daß Kräfte der Zerstörung feindlich ihn
Bedrohn von außen und von innen, rastlos,
Seit jenem Tag, der ihn gebar, und ihn
Drangvoll ermüden, *selber* nie ermüdet,
Bis dann erdrückt von eigner Mutter Händen,
Der grausamen, und atemlos er daliegt.
Und diese Not des Lebens, edler Geist,
Die äußerste, das Alter und der Tod,
Die schon beginnen, wenn des Kindes Lippe
Noch saugt an Brüsten, draus ihm Leben träufelt,
Wird, denk' ich, auch das neunzehnte Jahrhundert
Nicht glücklicher bekämpfen, als das unsre.
Doch, ists erlaubt, manchmal beim rechten Namen
Das Wirkliche zu nennen, wird nicht anders
Als unglückselig heißen jederzeit,
Und nicht allein im bürgerlichen Leben,
Auch sonst in jeglichem Bezug des Lebens,
Unheilbar von Natur und durch Gesetze,
Die Erd' und Himmel allgiltig umfassen,
Ein jedes Menschenkind. Doch neuen Rat,
Und wahrhaft göttlichen, ersannen jetzt
Die hohen Geister unsrer Zeit. Da sie
Nicht einen Einzelnen vermögen glücklich
Zu machen, suchen sie die *allgemeine*
Glückseligkeit der Völker: diese finden
Sie leichtlich, wähnend, aus den *Einzelnen*,
Die niederträchtig oft und elend immer,
Ein glückliches und heitres *Volk* zu machen!
Und solches Wunder, das uns kein Pamphlet

Erklärt, und keine Monatschrift, kein Tagblatt,
Bestaunt und preis't die Menschheit unverstanden.

O Geist, o Einsicht, Scharfsinn, übermenschlich,
Der Zeit, in der wir leben! Welches sichre
Philosophiren, welche Weisheit lehrt
In den geheimsten, höchsten, feinsten Dingen
Den kommenden Jahrhunderten das unsre!
Mit welcher ärmlichen Beständigkeit
Wirft heut der Mensch vor das, was gestern er
Verspottet, sich auf's Knie, um morgen wieder
Es zu zertrümmern, dann aufs neu die Trümmer
Zu sammeln, es auf den Altar zurück
Zu setzen, es mit Weihrauch zu bequalmen!
Wie hoch zu schätzen ist, die uns Vertrauen
Einstößt auf dieß Jahrhundert, ja dieß Jahr,
Des Denkens Eintracht! Und mit welcher Sorgfalt
Geziemts, wenn wir dem Denken dieses Jahres,
Dem das des nächsten schon unähnlich ist,
Das unsere vergleichen, nicht zu sehn,
Daß nicht um einen Punkt sie sind verschieden!
Und wie so weit voraus hat unser Alter,
Wenn man die neue Zeit vergleicht der alten,
In philosoph'schem Fluge sich erschwungen!

Der Deinen einer, Gino, ein gewandter
Versmacher, und in allen Wissenschaften,
In allen Künsten, allen Fertigkeiten
Und aller Weisheit, welche war und sein wird,
Erfahrner Meister, und Verbesserer,
Sprach so zu mir: »Laß ab zu singen immer
Dein eigenes Empfinden: darum kümmert
Sich dieses männliche Jahrhundert nicht.
Es wendet ernsten, ökonom'schen Studien
Sich zu, und faßt mit hochgespannten Brauen
Ins Auge die polit'schen Dinge. Sprich,
Was nützt es dir, in eigner Brust zu wühlen?
Such' nicht den Stoff des Liedes in dir selbst!

Verkünde dieser Zeit Bedürfnisse
Und reife Hoffnung!« – O denkwürd'ge Worte!
Ich aber freilich konnte nicht umhin,
Hellaufzulachen, als das Wörtchen *Hoffnung*
Ins Ohr mir, ins profane, klang, gleich wie
Ein Harlekinswort, oder wie ein Laut
Von kind'scher Zunge, kaum der Milch entwöhnt.
Nun kehr' ich um: einschlag' ich eine Richtung,
Entgegen jener frühern, da mirs klar
Geworden durch Exempel, zweifellos,
Daß man dem eigenen Jahrhundert nicht
Darf widersprechen, nicht zuwider handeln,
Ersehnt man Ruf und Lob von ihm; nein, treulich
Ihm schmeicheln und sich fügen muß: nur so
Gelangt auf kurzem und bequemem Pfad
Man zu den Sternen. Ich nun, der ich auch
Verlange zu den Sternen, denke zwar
Zu meines Liedes Stoff nicht des Jahrhunderts
Bedürfnisse zu machen, denn für diese
Sorgt schon, und stündlich reichlicher, der Laden
Des Kaufmanns und die Werkstatt; doch die *Hoffnung*,
Die Hoffnung, ja, die will ich singen – sie,
Die schon ein sichtbar Götterpfand verbirgt:
Als beßrer Zeit Beginn zeigt Wang' und Lippe
Des Jünglings *unverkürzten Haars Gedeihn!*
O sei gepriesen, Zeichen du des Heils!
Du erstes Licht der schönen Zeit, die naht!
O sieh, wie deines Anblicks Erd und Himmel
Sich schon erfreut, wie schon der Blick der Mädchen
Erglänzt, wie bei Gelag' und Festen bärt'ger
Heroen Ruhm von Mund zu Munde geht!
O wachse, wachse für das Vaterland,
Du junges, wahrhaft männliches Geschlecht!
Im Schatten dieses Haars gedeiht Italien
Und ganz Europa von des Tajo Quellen
Zum Hellespont, und sicher ruht die Welt.
Nur lächelnd grüße fortan den Erzeuger,
Den rauhbehaarten, neugebornes Kind,

Bestimmt für goldne Zeiten, und erschrick nicht
Vorm harmlos-schwarzen Vater-Angesicht!
Ja lächle, zartes Kindlein! Aufbehalten
Ist dir so vieler Worte Frucht: zu sehn
Der Freude Reich, in Stadt und Land gegründet,
Beglückt die Jugend und beglückt das Alter,
Und – Bärte, wallende, zwei Spannen lang!

XXXIII. Mondesuntergang

So wie in Nächten, einsam
Auf silberlichten Fluren und Gewässern
Dort wo der Zephyr säuselt,
Und tausend holde Formen
Und trügerische Bilder
Die fernen Schatten zaubern,
Bald wo die Flut sich kräuselt,
Bald im Gebüsch, am Hügel, in den Weilern:
Da birgt, hinabgezogen
Zum Himmelsrand, der Mond sich hinter Häuptern
Des Apennins, der Alpen,
Im weiten Schooße der Tyrrhenerwogen.
Die Welt verdüstert sich, die Schatten schwinden,
Und braune Finsternis umwebt die Fluren –
Die Nacht ist wie verwaiset,
Und singend grüßt, mit traurig-ernstem Liede,
Des fliehnden Lichtes letzte Silberspuren,
Das früher ihm als Führer
Gedient, auf seinem frühen Weg der Kärrner.

So fern und immer ferner
Entweicht aus unserm Leben
Die Jugend. Es entfliehen
Die Bilder und die Schatten
Des holden Trugs, und mehr und mehr ermatten
Die Hoffnungen, die fernen,
Darauf die menschliche Natur vertrauet.

Verlassen und umnachtet
Bleibt dann das Leben. Und wenn es betrachtet
Der Wandrer, sucht verwirrt er und vergebens
des langen Wegs, der ihm noch bleibt zu wandern,
Ziel und Beweggrund; fremd ist
Der Wohnsitz ihm der Menschen,
Und fremd auch ist er selber längst den Andern.

Zu glücklich und zu heiter
War unser Loos auf Erden,
Wenn unsre Jugendzeit, wo doch noch Wonnen,
Wenn auch aus Leidensbronnen,
Erglühn, andauerte durchs ganze Leben.
Zu mild war der Beschluß auch
Der Götter, der zum Tod verdammt das Leben,
Wenn nicht auch noch des Lebens letzte Hälfte
Zuvor uns düstrer machte
Das Schicksal als den Tod, vor dem wir beben.

Als würdige Erfindung
Unsterblich weiser Geister,
Und letztes Übel gaben uns die Götter
Das *Alter*, wo die Sehnsucht
Noch währet, doch vernichtet ist die Hoffnung,
Versiegt der Born der Lust, das Maß der Leiden
Erfüllt bis an den Rand, erschöpft die Freuden.

Ihr, sanfte Höhn und Fluren,
Ihr werdet, ob auch jetzt der Glanz gesunken,
Der silbern malt' im Westen dort den Schleier
Der Nacht, nicht lange werdet
Verwais't ihr bleiben, und mit neuen Funken
Bald wieder wird der Himmel sich erhellen
Von Osten her, und auferstehn das Frührot.
Der Sonne Pforten werden sich erschließen
Und, in die Runde strahlend
Mit den gewalt'gen Flammen,
Wird sie mit Strömen Lichtes

Euch und des Äthers Weiten übergießen;
Doch dieses ird'sche Dasein, wenn die Jugend
Einmal, die holde, schwand, nie wieder funkelt
Uns neues Licht und neue Morgenröte.
Verödet bleibt das Leben;
Als Ziel der Nacht, die immerdar umdunkelt
Die andern Lebensalter,
Hat nur das *Grab* der Himmel uns gegeben.

XXXIV. Der Ginster oder die Blume der Wüste

Hier auf dem dürren Rücken
Des schreckenvollen Berges
Vesuvius, des Zerstörers,
Den sonst nicht Baum noch Blume heiter schmücken,
Verbreitest einsam du ringsum dein Strauchwerk,
O Ginster, lieblich duftend,
Der Wüste Freund! So sah ich auch als Zierde
Dein liebliches Gerank auf jenen Fluren,
Den öden, rings umgebend
Die ew'ge Stadt, die, ach, zur Zeit der Ahnen
War Königin der Erde, wo dein Anblick
Ans Weltreich, das verlorne,
Den Wandrer schweigend sinnvoll will gemahnen.
Nun find ich dich auf diesem Boden wieder:
Magst du so gern dich traurig-öden Stätten
Gesellen und versunknen Herrlichkeiten?
Auf diesen Flächen hier, den öden, weiten,
Bestreut mit Aschenhügeln, überkrustet
Von steingewordner Lava,
Hell unterm Schritt des Wanderers erknisternd.
Wo Schlangen nisten und sich ringelnd sonnen
Und stets zum klüftereichen
Verstecke die Kaninchen wiederkehren:
Da standen heiter prangend
Landhäuser einst, umglänzt von goldnen Ähren
Und vom Gebrüll der Rinder widerhallend;

Da Gärten und Paläste,
Den Mächtigen erwünschtes Ziel der Muße;
Da selbst berühmte Städte,
Die dieses stolze Bergeshaupt gewitternd
Mit Strömen traf aus seinem Flammenschlunde,
Sammt den Bewohnern. Nun bedeckt der wilde
Ruin die Fluren weithin in der Runde.
Nur du hast drin mitleidig aufgeschlagen
Den Wohnsitz, edles Kraut, zum Himmel schickend
So süßen Duftes Milde,
Daß sich die Wüste dran erlabt. Es komme
Hieher, wer sich gewöhnt, das ird'sche Leben
Zu preisen, ja er komm' auf diese Fluren,
Zu sehn, ob der Natur am Herzen liege
Wahrhaft das Wohl und Weh der Kreaturen!
Hier mag er auch ermessen
Mit rechtem Maß die Kraft der Menschenkinder,
Die jene harte Mutter, unerwartet,
Mit leichtem Ruck im Augenblick zum *Teile*
Vernichtet, und mit wenig stärkerm Anstoß
Urplötzlich auch mag ganz und gar vernichten.
Ja, seht nur dieß Gefilde,
Es kann euch von der Menschheit Loos im Bilde,
Von »ihres Fortschritts Herrlichkeit« berichten!

   Hier spiegle dich, du stolzes,
Du törichtes Jahrhundert,
Das du des Pfads nach vorwärts,
Dir vorgezeichnet von des neu erwachten
Gedankens Freiheit, schon nicht mehr willst achten,
Und, rückwärts wendend deinen Schritt, dich rühme
Des Rückschritts, und ihn Fortschritt
Benennst, ein eitler Prahler. Die Talente,
Die Geister, welche du gebierst, sie neigen
Als Schmeichler sich vor deinem kind'schen Sinne,
Ob auch Wohl im Geheimen
Sie deiner spotten. Ich nur
Will nicht ins Grab mit solcher Schande steigen:

Leicht war' mirs, nachzuahmen
Die Anderen, und faselnd um die Wette,
Zu kitzeln dir die Ohren:
Doch lieber will ich alle die Verachtung,
Die ich im Busen trage
Für dich, so laut ich es vermag, verkünden:
Daß schmähliches Vergessen
Bedroht den Mann, deß Wort dem Schwärm zur Pein ist,
Ich weiß es, doch ich lache dieses Unglücks,
Das mir mit dir gemein ist!
Von Freiheit träumend, willst du den Gedanken
Geknechtet doch vom Neuen,
Durch den wir uns entrissen
Der Barbarei zum Teil, durch welchen einzig
Gesittung blüht, durch den der Staaten Schicksal
Sich einzig mag erfreuen.
So sehr mißfiel die Wahrheit
Des harten Looses dir, des niedern Ortes,
Den uns Natur beschied, und flüchtend wandtest
Den Rücken du der Klarheit
Des Lichts, das sie dir offenbarte; Feigling
Schiltst du den Freund des Lichtes
Und mutig den, der, listig oder töricht,
Lobpreisend strebt das Leben
Der Menschen zu den Sternen zu erheben.

Ein Mann von dürft'gem Stand und siechen Gliedern,
Wenn er an Geist ist edel und erhaben,
Nicht nennt er kraftgewaltig
Sich je, noch reich an goldnen Glückesgaben,
Noch trachtet er sich mit dem Schein zu brüsten
Von hohem Glanz, von Einfluß,
In töricht eitlem, kleinlichem Gebahren:
Nein, ohne Scham sich zeigt er
An Leibeskraft ein Bettler und an Schätzen,
Und nennt sich selbst nicht anders, und betrachtet
Sein Lebensloos nach seinem Wert, dem wahren.
Nicht als ein edel Wesen

Gilt jenes mir, nein, töricht,
Das, für den Tod geboren, und in Peinen
Erzogen, ruft: Geboren
Zur Freude bin ich! und mit schnödem Hochmut
Besudelnd Blätter, herrlich Loos und neue
Glückseligkeit, wie nicht sie kennt der Himmel,
Geschweige diese Welt, mit kecken Mienen
Verspricht den Völkern, die doch schon ein Anprall
Des stürm'schen Meers, ein Anhauch
Von böser Luft, ein unterirdscher Einsturz
Vernichtet so, daß kaum noch
Erinnrung bleibt von ihnen.
Nur Jenen nenn' ich mutig,
Der kühnlich zu erheben
Sein sterblich Auge wagt dem allgemeinen
Geschick entgegen, und mit freier Zunge,
Der Wahrheit nichts entziehend,
Gesteht das schlimme Loos, das uns beschieden,
Und unser armes, schwaches Sein hiernieden;
Der groß und stark im *Dulden*
Sich zeigt, nicht unter Brüdern wildes Grollen
Und Haß noch mehr entfacht – der Übel schlimmstes –
Dem Nächsten das Verschulden
Des Leids zuwälzend; – nein, anklagend
Die wahrhaft schuldig ist, der Menschen Mutter,
Stiefmutter an Gesinnung.
Sie nennt er Feindin; gegen sie verbündet
Denkt er von jeher – und so ists in Wahrheit –
Die menschliche Gesellschaft;
Verbrüdert denkt er Alle sich; entzündet
Von wahrer Lieb', umschließt er
Die Menschen und *erwartet*
Beistand, und *leistet* ihn, rasch und mit Nachdruck,
In jeder Drangsal, jeglicher Gefährde
Des allgemeinen Kriegs. Und gegen Kränkung
Des Nächsten sich zu waffnen, Andern Schlingen
Zu legen, Hindernisse zu bereiten,
Das dünkt so töricht ihn, als auf dem Schlachtfeld,

Vom grimmen Feind umgeben,
Im heftigsten Getös des wucht'gen Angriffs,
Des Gegners ganz vergessend, Zank erheben
Mit Freunden, treubewährten,
Und wilde Flucht verbreitend Brände schleudern
Ins Heer der Kampfgefährten.
Wenn solche Wahrheit wieder,
Wie einst sie war, dem Volke klar geworden,
Und jener Schreck, der anfangs
Die Sterblichen zum Trotze
Der grausamen Natur vereint, zum Teile
Gesänftigt wird in wahren Wissens Lichte,
Dann wird der Bürger redliche Gemeinschaft,
Und Recht und Tugend stärkre Wurzel schlagen,
Als übermüt'ge Possen,
Wenn anders Redlichkeit in jenen Tagen
So fest mag stehn, als jetzo steht gegründet
Das, was doch seinen Grund im *Irrtum* findet.

   Wie oft auf diesen Flächen,
In düstres Braun von jener Flut gekleidet,
Die längst erstarrt und doch noch scheint zu wogen,
Sitz' ich des Nachts, und überm düstern Plane
Seh' ich die Sterne flimmern,
Die sich im Meere spiegeln,
Und, wie besät mit Funken in der Runde,
Seh' ich die Welt im heitern Äther schimmern.
Und wendet so das Aug sich zu den Lichtern,
Die ihm nur Punkte scheinen,
Und doch so unermeßlich.
Daß gegen sie nur Punkte Meer und Erdkreis
In Wahrheit; denen ewig unbekannt ist
Der Mensch und selbst der Erdkreis,
Auf dem ein Nichts der Mensch; und blick' ich aufwärts
Sodann zu jenen noch unendlich fernem
Sternknoten, wenn ich so sie darf benennen,
Die uns ein Nebel scheinen,
Und denen nicht bloß Erd und Mensch, nein, selber

Die Steine, grenzenlos an Zahl und Masse,
Mitsammt der goldnen Sonne
Fremd sind für immer, oder
Erscheinen so nur, wie sie selbst der Erde:
Als Punkte, winzig kleine,
Von neblich mattem Licht: ha, wie erscheinst du
In solchen Augenblicken
Dem innern Sinn, o menschliche Gemeine?
Und denk' ich deines Zustands dann hier unten,
Deß Bild der Boden ist, den ich beschreite,
Denk' ich, wie du als Herrscher dich dem Ganzen,
Als Gipfel meinst bestellt, und wie viel male
Zu faseln dirs gefiel von Himmelsgöttern,
Die auf dieß arme Sandkorn,
Das dunkle, das man Erde
Benennt, herunterstiegen, um behaglich
Zu plaudern mit den Deinen –
Und wie nicht minder auch in unsern Tagen,
Erneuernd Träume, die zum Spott geworden,
Der Weisen Wort verachtet
Dieß Alter, das da meint zu überragen
An Wissen und Gesittung
Die frühern alle – welch gemischt Empfinden
Fühl' ich dann gegen dich in mir erwachen,
Nicht wissend, ob für deines Sinns Verblendung,
O Erdensohn, sich ziemet
Des Mitleids Tränenzoll, ob spottend Lachen!

Wie fallend oft vom Baum ein kleiner Apfel,
Den dort im Herbst, im späten,
Nicht fremde Kraft, nur seine eigne Reife
Zum Falle bringt, die Wohnungen des kleinen
Ameisenvolks, gegraben
In weiche Scholle mühvoll, und die Werke,
Den Vorrat auch, den still in langer Arbeit
Die Emsigen gesammelt, ausgerüstet
Mit klugbedächt'gem Sinn, in Sommertagen,
Zertrümmert und verschüttet und verwüstet,

124

In einem Nu: so von der Höhe stürzend,
Aus tiefem Bauch des Berges,
Des donnernden, zuerst emporgetragen
Hoch in des Himmels Raum, hat mitternächtlich
Der Niedersturz von Asche, Bims, Gerölle,
Gemischt mit Flammenbächen,
Und, übern Hang des Berges seine Straße
Sich bahnend durch die Gräser,
Die feurigrote Masse
Geschmolzenen Metalls und glühnden Sandes,
Gleich einem Wolkenbruch herniederprasselnd,
Die Städte, die das Meer dort an des Landes
Vorsprung benetzt, verwandelt
In wüsten Graus, zertrümmert und verschüttet
Im Augenblick –: so daß, wo sie gestanden,
Die Ziegen werden, wo nicht neue Städte
Die Zinnen heben, welchen die begrabnen,
Die wir in Schutt betrauern,
Zum Schemel dienen, und es scheint die Ferse
Der stolze Berg zu setzen auf die Mauern.
Des Menschen Untergang gereicht der Mutter
Natur nicht mehr zum Grame,
Als der des winzig kleinen
Ameisenvolks, und wenn sie seltner lenket
Auf jenen die Vernichtung,
Ists nur, weil sie bedenket,
Daß nicht so fruchtbar ist des Menschen Same.

Verronnen schon sind achtzehn
Jahrhunderte, seitdem, erstickt vom Anhauch
Der feurigen Gewalt, die reichbewohnten
Behausungen verschwunden,
Und ängstlich hebt der Pfleger
Des Weinstocks, den in diesen Gründen spärlich
Die Scholle nährt, von Asche dicht bestreuet,
Den Blick empor zum Gipfel,
Dem viel-verhängnisvollen, der, nicht milder
Geworden, ragt und schreckensvoll noch dräuet

Ihm selber und den Kindern, und dem kargen
Besitztum. Und noch oftmals,
Auf seines Hauses Dache,
Des ländlichen, die ganze Nacht im Wehen
Der freien Lüfte schlaflos liegend, oft auch
Empor in Eile springend, späht der Arme
Nach jener glühnden Masse Lauf und Richtung,
Die, quellend aus dem tiefen Kratergipfel,
Den Berg umwindet wie mit Feuerkränzen,
Daß hell im Widerscheine
Der Gluten Capris Meerstrand
Und Napels Golf und Mergellina glänzen.
Und sieht er sie Herannahn, oder höret
In seines Brunnens Höhlung,
Des häuslichen, die Wasser siedend sprudeln,
Da weckt er Weib und Kind, und, aufgestöret,
So viel von ihrer Habe
Noch an sich raffend, als sie können, flüchten
Sie fernhin, sehn von ferne dann des kleinen
Wohnhauses traulichen Bezirk, den Acker,
Der einzig sie geschützt vor Hungerspeinen,
Zur Beute werden jener Flammenwelle,
Die knisternd sich heranwälzt, unerbittlich
Verschlingend jene traute Heimatstelle.

    Es kehrt zum Licht des Himmels
Aus des Vergessens Grüften
Pompeji wieder, ein so lang begrabnes
Skelett: Geiz oder Mitleid
Der Erde gibt es neu zurück den Lüften.
Und vom verlaßnen Forum
Geradhin zwischen Reihen
Verfallner Säulengänge sieht im Schreiten
Das zweigeteilte Bergjoch in der Ferne
Der Wandrer, sieht die Riesenkuppe qualmend
Von Rauch, die noch zu drohen
Den Trümmern scheint, die rings sich hier verbreiten.
Und in der Nacht geheimem Graun, durch öde

Theater, durch gestürzte Tempel, Häuser,
Wo bergen ihre Brut die Fledermäuse,
Wie eine Todesfackel,
Die düster flackert in verlaßnen Räumen,
Sieht man den Schein der grausen Lava zittern,
Und fernher durch das Dunkel
Die Glut, die alldurchdringende, gewittern.
So, nichts vom Menschen wissend, nichts von Zeiten,
Die *alt* er nennt, und nichts von ew'ger Folge
Der Väter und der Enkel,
Grünt fort und fort *Natur*; was scheint zu stehen,
Es schreitet fort auf solchem langen Wege.
Von ihrem Blicke kaum bemerkt, vergehen
Die Reich' und Völker: Alles schwebt von hinnen,
Der Mensch nur will Unsterblichkeit gewinnen.
Du auch, o stille Pflanze,
Die du mit duft'gem Strauchwerk
Das öde Feld hier überziehst und schmückest,
Auch dich wird bald der grausame Gewalthauch
Des unterirdschen Flammenstroms ersticken,
Der, zu bekannter Stätte
Zurück sich wendend, nicht wird lange zögern,
Mit seinem Saume gierig vorzurücken
Bis an dein schmeidig Dickicht. Widerstandes
Magst unter dieser Todeslast du beugen
Dein schuldlos Haupt: genug, daß du bis dahin
Es nicht gebeugt mit feigem Flehn vor jenem
Zukünft'gen Unterdrücker,
Und daß du's nicht erhoben
Wahnwitzig eitel gegen die Gestirne,
Und daß du nicht mit lächerlichem Stolze
Gepriesen diese Wüste, wo du wohntest
Nach eigner Wahl nicht, nein, durch fremde Fügung.
Du bist um so viel Weiser,
Und stärker um so vieles denn die Menschen,
Als kein unsterblich Leben
Du dir erhofft in diesem irdschen Dasein
Durch Gunst des Schicksals oder eignes Streben.

XXXV. Abschied

Den Schritt hinaus vor meine Schwelle wend' ich:
Daß sie die Teure fesseln mir im Hause,
Den flehnden Blick nach Wind und Regen send' ich.

Ich hörte doch im Wald des Winds Gebrause,
Und leise Donner im Gewölke grollen,
Eh noch das Licht verließ des Morgens Klause.

Die Liebste scheidet! – Mitleid mir zu zollen
Gedenkt, o Himmel, Erde, Wolken, Bäume,
Wenn Liebende noch Mitleid finden sollen!

Sturmwind, wach auf! Gewitter du, nicht säume!
Brecht los, und laßt den Graus so lange währen
Bis sich der Tag erneut für *andre* Räume! ...

Aufschließt der Himmel sich, in Blau verklären
Die Fernen sich, der Windhauch schweigt, es blendet
Grausam die Sonne mir das Aug voll Zähren!

XXXVI. Fragment

Des Tages Strahl im Westen war verglommen,
Zerronnen war der Weiler Rauch, der Hunde
Gebell und aller Laut zur Ruh gekommen.

Da wandelte beschwingt in später Stunde
Durch Blumenau'n, die reizvoll prangend schliefen,
Die Schöne zu verschwiegnem Liebesbunde.

Mildheller Glanz umspann die Höhn, die Tiefen,
Und flüssig Silber sah man vom Geleise
Des Monds hernieder auf die Bäume triefen.

Im Nachtwind flüsterten die Bächlein leise;
Mit dem Gemurmel ihrer Flut im Haine
Vereinte klagend ihre süße Weise

Die Nachtigall. Fern schimmerte das reine,
Glanzhelle Meer, und Bergesgipfel stiegen
Verklärt empor in wunderbarem Scheine.

Die Täler sah man sanft umschattet liegen,
Und um die Höhn an des Gebirges Hange
Den Äther wie ein schimmernd Kleid sich schmiegen.

So weiter schritt auf einsam stillem Gange
Das Weib, und Düfte, süß ihr zugetragen
Von weicher Luft, umspielten ihre Wange.

Nicht darfst, ob heiter ihr Gemüt, du fragen:
Hold war die Nacht, doch holder noch der Wonnen
Vorahnung, die das Herz ihr machte schlagen.

Doch, ach, wie bald ist Menschenglück zerronnen!
Nichts währt - vergeblich Hoffen bleibt auf Erden
Das einzig Dauernde, das wir gewonnen!

Es sah die Schöne plötzlich trübe werden
Des Himmels Antlitz, das gestrahlt so prächtig,
Und schneller eilte sie, mit Angstgeberden.

Ein schwarz Gewölk erhob, von Stürmen trächtig,
Sich hinter Bergen, Mond und Sterne schwanden,
Und mehr und mehr anwuchs das dunkle mächtig.

Und seine trägen Riesenglieder wanden
Zum andern Himmelsrand sich, wogten über,
Sich breitend wie ein Mantel ob den Landen.

Des Lichtes Schein ward trüb und immer trüber,
Und aus dem Wald, wo herrschte tiefes Schweigen,
Kam dumpfes Windesbrausen jetzt herüber.

Und toller bald begann der Sturm den Reigen;
Aufflatterten, aus nächtlich stillem Traume
Geweckt, die scheuen Vögel in den Zweigen.

Nun senkte wachsend zu des Meeres Schaume
Hinab die Wolke sich, daß dort die Wellen,
Hier das Gebirg sie streifte mit dem Saume.

Des Himmels Rest verschlang, des sternenhellen,
Die Nacht, man hörte rauschen die Gewalten
Der Sturzflut fern, dann näher brausend schwellen.

Und augenblendend im Gewölke strahlten
Die Blitze, die mit ihrem grellen Blinken
Die Lande düster, rot den Äther malten.

Ihr Knie schon fühlte matt die Ärmste sinken.
Das Ungewitter tobte wie die Wogen
Des Bergstroms, der sich stürzt von Felsenzinken.

Entsetzt zur Himmelshöhe, schwarz umzogen,
Aufblickend, stand sie still oft, eilte wieder,
Daß hinter ihr Gewand und Locken flogen.

Und mit der letzten Kraft der zarten Glieder
Brach sie des Sturmes Widerstand; der Regen
Warf kalte Tropfen in ihr Antlitz nieder.

Und wie ein Raubtier kam ihr wild entgegen
Der Donner, brüllend durch des Äthers Auen,
Nicht wollte Regenguß und Sturm sich legen.

Wie flogen wirbelnd, seltsam anzuschauen
Allwärts da Blätter, Staub und Körner Sandes,
Gejagt im wilden Braus, im Wettergrauen.

Sie deckt' ihr Auge, müd' des grellen Brandes,
Und fröstelnd zog, enteilend dem Geschicke,
Sie fest an sich die Hülle des Gewandes.

Doch stets herflog der Blitz vor ihrem Blicke,
Den Schauder fühlte kalt durchs Herz sie fluten.
Sie stand – es sank ihr Mut, – sie sah zurücke.

Noch einmal stammten auf des Blitzes Gluten,
Und wieder finster wards in Süd' und Norden,
Der Donner war verstummt, die Winde ruhten.

Rings Alles schwieg, und sie war Stein geworden.

Biographie

1798	*29. Juni:* Giacomo Leopardi wird in Recanati bei Macerata (Italien) als Sohn von Monaldo Leopardi und Adelaide Antici in einer aristokratischen, streng katholischen Familie geboren. Er wird privat unterrichtet.
1809	Giacomo genießt eine intensive humanistische Ausbildung, die ihn bereits mit elf Jahren zu Übersetzungen aus dem Lateinischen befähigt.
1813	Mit vierzehn Jahren schreibt er zwei Tragödien. Es folgen rasch zahlreiche weitere Schriften. Neben Latein, Französisch und Spanisch erlernt er auch Griechisch und Hebräisch und verfaßt die »Storia dell'astronomia«.
	Um der provinziellen Umwelt Recanatis und der strengen katholischen Atmosphäre seines Elternhauses zu entfliehen, vertieft sich Leopardi mehr und mehr in philologische, zunehmend aber auch literarische Studien. Bald wendet er sich seiner eigenen Berufung, der Dichtkunst, zu.
1816	Drei Jahre später erscheint seine Übersetzung der »Odyssee« von Homer.
	»Appressamento della morte« entsteht, veröffentlicht 1835.
	Die enttäuschte und einseitige Liebe zu seiner Cousine Cassi Lazzari regt Leopardi zu »A. Silvia«, einem seiner bedeutendsten frühen Gedichte, an.
1817–1832	Seine »Pensieri di varia filosofia e di bella letteratura«, auch bekannt als »Zibaldone di pensieri«, erscheinen erst 1898–1907.
1818	Er publiziert mit der Ode »All'Italia« und »Sopra il monumento di Dante« seine erste patriotische Lyrik.
1819	Leopardis berühmtes Gedicht »L'infinito«, das in diesem Jahr geschrieben wird, wird unter anderen auch von Rainer Maria Rilke übersetzt.
1820	Die berühmten Verse »Angelo Mai« folgen.
1822–1823	Mehrmonatiger Aufenthalt in Rom.

1824–1832	Vor allem die zwischen diesen Jahren entstandene philosophisch-literarische Schriftensammlung der »Operette morali« erlangt Berühmtheit.
1825	Leopardi lässt sich in Mailand nieder, wo er für den Verleger Antonio Fortunato Stella (1757–1833) lateinische und griechische Klassik übersetzt und die Herausgabe von Francesco Petrarcas (1304–1374) Werk betreut.
1826	Er kehrt über Bologna zunächst nach Recanati zurück. Nach 1826 beginnt eine zweite Schaffensperiode, in der der Dichter sich von klassizistischen Vorgaben entfernt.
1827–1828	Die in Dialogform verfaßten Schriften »Operette morali« erscheinen. Er hält sich in Pisa und Florenz auf. Reisen nach Mailand (hier ist er als Übersetzer für den Verleger Antonio Fortunato Stella und Herausgeber der Werke Petrarcas tätig), Bologna, Florenz und Pisa. Leopardi lernt Alessandro Manzoni kennen, mit dem ihn eine intensive Freundschaft verbindet.
1828	Der Dichter wird auf den Dante-Lehrstuhl der Universität Bonn berufen, bleibt aber in Rescati – für ihn eine Art Exil »aus Wut, Langeweile und Melancholie«.
1830–1833	Leopardi nimmt am literarischen Leben der toskanischen Hauptstadt teil.
1830	Die Pension von Freunden ermöglicht ihm den Umzug nach Florenz. Hier faßt er neuen Lebensmut.
1831	Als zusammenfassende Ausgabe von Leopardis Gedichten werden die »Canti« (»Gesänge«) veröffentlicht.
1833	Der befreundete Antonio Ranieri holt ihn nach Neapel.
1835	Die Sammlung »Canti« enthält patriotische Texte, Hymnen, Elegien und Idyllen und wird in diesem Jahr und später 1845 noch um weitere Stücke erweitert. Sein bereits frühzeitig auftretendes körperliches Leiden veranlaßt ihn zu permanenter Meditation über den Welt- und Lebenssinn. Seine letzten Lebensjahre verbringt Giacomo Leopardi in Neapel, hin- und hergerissen zwischen tiefen De-

pressionen und intensiven Schaffensperioden, denen sich die Überlegungen und Aufzeichnungen »Zibaldone di pensieri« verdanken.

1836   Seine Schriften, unter anderem »Canti«, werden von der Zensur beschlagnahmt.

1837   *14. Juni:* Giacomo Leopardi stirbt in Neapel.

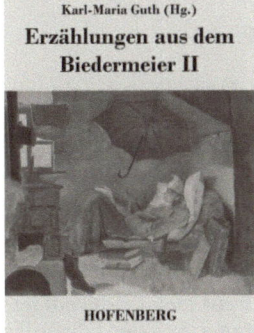

Erzählungen aus dem Biedermeier

Biedermeier - das klingt in heutigen Ohren nach langweiligem Spießertum, nach geschmacklosen rosa Teetässchen in Wohnzimmern, die aussehen wie Puppenstuben und in denen es irgendwie nach »Omma« riecht.

Zu Recht. Aber nicht nur.

Biedermeier ist auch die Zeit einer zarten Literatur der Flucht ins Idyll, des Rückzuges ins private Glück und der Tugenden. Die Menschen im Europa nach Napoleon hatten die Nase voll von großen neuen Ideen, das aufstrebende Bürgertum forderte und entwickelte eine eigene Kunst und Kultur für sich, die unabhängig von feudaler Großmannssucht bestehen sollte.

Georg Büchner Lenz **Karl Gutzkow** Wally, die Zweiflerin **Annette von Droste-Hülshoff** Die Judenbuche **Friedrich Hebbel** Matteo **Jeremias Gotthelf** Elsi, die seltsame Magd **Georg Weerth** Fragment eines Romans **Franz Grillparzer** Der arme Spielmann **Eduard Mörike** Mozart auf der Reise nach Prag **Berthold Auerbach** Der Viereckig oder die amerikanische Kiste

ISBN 978-3-8430-1884-5, 444 Seiten, 29,80 €

Erzählungen aus dem Biedermeier II

Annette von Droste-Hülshoff Ledwina **Franz Grillparzer** Das Kloster bei Sendomir **Friedrich Hebbel** Schnock **Eduard Mörike** Der Schatz **Georg Weerth** Leben und Taten des berühmten Ritters Schnapphahnski **Jeremias Gotthelf** Das Erdbeerimareili **Berthold Auerbach** Lucifer

ISBN 978-3-8430-1885-2, 440 Seiten, 29,80 €

Erzählungen aus dem Biedermeier III

Eduard Mörike Lucie Gelmeroth **Annette von Droste-Hülshoff** Westfälische Schilderungen **Annette von Droste-Hülshoff** Bei uns zulande auf dem Lande **Berthold Auerbach** Brosi und Moni **Jeremias Gotthelf** Die schwarze Spinne **Friedrich Hebbel** Anna **Friedrich Hebbel** Die Kuh **Jeremias Gotthelf** Barthli der Korber **Berthold Auerbach** Barfüßele

ISBN 978-3-8430-1886-9, 452 Seiten, 29,80 €

Erzählungen der Frühromantik

1799 schreibt Novalis seinen Heinrich von Ofterdingen und schafft mit der blauen Blume, nach der der Jüngling sich sehnt, das Symbol einer der wirkungsmächtigsten Epochen unseres Kulturkreises. Ricarda Huch wird dazu viel später bemerken: »Die blaue Blume ist aber das, was jeder sucht, ohne es selbst zu wissen, nenne man es nun Gott, Ewigkeit oder Liebe.«

Tieck Peter Lebrecht **Günderrode** Geschichte eines Braminen **Novalis** Heinrich von Ofterdingen **Schlegel** Lucinde **Jean Paul** Des Luftschiffers Giannozzo Seebuch **Novalis** Die Lehrlinge zu Sais
ISBN 978-3-8430-1878-4, 416 Seiten, 29,80 €

Erzählungen der Hochromantik

Zwischen 1804 und 1815 ist Heidelberg das intellektuelle Zentrum einer Bewegung, die sich von dort aus in der Welt verbreitet. Individuelles Erleben von Idylle und Harmonie, die Innerlichkeit der Seele sind die zentralen Themen der Hochromantik als Gegenbewegung zur von der Antike inspirierten Klassik und der vernunftgetriebenen Aufklärung.

Chamisso Adelberts Fabel **Jean Paul** Des Feldpredigers Schmelzle Reise nach Flätz **Brentano** Aus der Chronika eines fahrenden Schülers **Motte Fouqué** Undine **Arnim** Isabella von Ägypten **Chamisso** Peter Schlemihls wundersame Geschichte **Hoffmann** Der Sandmann **Hoffmann** Der goldne Topf
ISBN 978-3-8430-1879-1, 408 Seiten, 29,80 €

Erzählungen der Spätromantik

Im nach dem Wiener Kongress neugeordneten Europa entsteht seit 1815 große Literatur der Sehnsucht und der Melancholie. Die Schattenseiten der menschlichen Seele, Leidenschaft und die Hinwendung zum Religiösen sind die Themen der Spätromantik.

Brentano Die drei Nüsse **Brentano** Geschichte vom braven Kasperl und dem schönen Annerl **Hoffmann** Das steinerne Herz **Eichendorff** Das Marmorbild **Arnim** Die Majoratsherren **Hoffmann** Das Fräulein von Scuderi **Tieck** Die Gemälde **Hauff** Phantasien im Bremer Ratskeller **Hauff** Jud Süss **Eichendorff** Viel Lärmen um Nichts **Eichendorff** Die Glücksritter
ISBN 978-3-8430-1880-7, 440 Seiten, 29,80 €